梦想北大丛书

梦想北大

精华集 第三册

北京大学招生办公室 组织编写

李喆 主编

北京大学出版社
PEKING UNIVERSITY PRESS

图书在版编目（CIP）数据

梦想北大精华集.第三册/李喆主编.—北京：北京大学出版社，2020.8
（梦想北大丛书）
ISBN 978-7-301-30297-2

Ⅰ.①梦… Ⅱ.①李… Ⅲ.①中学生－学生生活－文集②中学生－学习方法－文集 Ⅳ.①G635.5-53

中国版本图书馆CIP数据核字（2019）第034612号

书　　名	梦想北大精华集（第三册） MENGXIANG BEIDA JINGHUAJI（DI-SAN CE）
著作责任者	李　喆　主编
策 划 编 辑	姚成龙
责 任 编 辑	成　淼
标 准 书 号	ISBN 978-7-301-30297-2
出 版 发 行	北京大学出版社
地　　址	北京市海淀区成府路205号　100871
网　　址	http://www.pup.cn　新浪微博：@北京大学出版社
电 子 邮 箱	编辑部 zyjy@pup.cn　总编室 zpup@pup.cn
电　　话	邮购部 010-62752015　发行部 010-62750672　编辑部 010-62704142
印 刷 者	北京虎彩文化传播有限公司
经 销 者	新华书店
	650毫米×980毫米　16开本　14.75印张　197千字 2020年8月第1版　2025年3月第2次印刷
定　　价	45.00元

未经许可，不得以任何方式复制或抄袭本书之部分或全部内容。
版权所有，侵权必究
举报电话：010-62752024　电子邮箱：fd@pup.cn
图书如有印装质量问题，请与出版部联系，电话：010-62756370

"梦想北大丛书"编委会

组织编写 北京大学招生办公室
顾　　问 秦春华　王亚章　李　祎　刘乐坚
主　　编 李　喆
副 主 编 林　莉　卿　婧　易　昕
编　　委 熊光辉　覃韡韡　姚　畅

校长致辞

  1000多年前，大学诞生于中世纪的欧洲，从此成为影响和改变世界的重要力量。人类在历史上形成的知识和思想汇聚于此，对于未来的系统思考和探索也肇端于此。

  120多年前，北京大学的前身——京师大学堂成立于救亡图存的变革中，标志着中国现代大学制度的开端；100多年前，北京大学成为新文化运动与五四运动的中心与策源地。从此北大就与国家民族的命运紧密相连。一代代北大人不忘初心，牢记使命，用思想和行动，投身于民族复兴、社会进步的历史伟业。

  今天，风华正茂的你们即将对自己的未来做出郑重的选择。北京大学正是你们一直向往和憧憬的那座学术殿堂，因为北大是一所与众不同的大学，具有无与伦比的感召力。

  这是精神的感召。120多年来，北大形成了爱国、进步、民主、科学的光荣传统。北大始终站在时代前沿，矢志兴学图强，引领风气之先，集中体现在一代代仁人志士和优秀知识分子的赤诚爱国精神与使命担当。曾在北大工作过的陈独秀、李大钊、毛泽东等一批中国最早的马克思主义者，创立了中国共产党，从而缔造了新中国。从沙滩红楼的青春呐喊、红色火种，到未名湖畔的"团结起来，振兴中华"，北大人为民族独立和国家富强做出了不可替代的贡献。

  这是文化的感召。北大有着极其厚重的学术文化积淀，又有着挺立潮头的文化创新品格。李大钊先生说："只有学术上的发

展,值得作大学的纪念。只有学术上的建树,值得'北京大学万万岁'的欢呼!"做第一流的学术,这是北大永远的追求。中国第一台百万次集成电路大型电子计算机、第一次人工合成结晶牛胰岛素、大陆第一例试管婴儿、第一套汉字激光照排系统等,这些"第一"都根植于北大创新文化的土壤。北大还汇聚了一大批学术大师、文化巨匠,这些都是我们创办世界一流大学的财富与根基。

这是人格的感召。鲁迅先生说过:"北大是常为新的,改进的运动的先锋,要使中国向着好的,往上的道路走。"蔡元培老校长以卓越的眼光推动改革,奠定了中国现代大学的理念与精神;屠呦呦校友以坚韧不拔的意志,创制新型抗疟药"青蒿素",挽救了全球数百万人的生命,成为第一位获得诺贝尔科学奖项的中国大陆科学家;孟二冬老师坚持"板凳要坐十年冷,文章不著一字空",他病倒在援疆的讲台上,直到生命最后一刻还在牵挂着学生。一代代先哲在时代洪流的洗礼与北大熔炉的淬炼中,放射出持久的光芒,陶铸出人格的典范,如月映万川般滋养涵育着每一个北大人。

一时有一时的趋向,一校有一校的风尚。无论时空如何变迁,对于一所大学而言,精神、文化与人格所构成的传统,都是不变的。北大是极广大的,她开放包容,连接着民族的过去和将来,沟通着中国和世界,展现出海纳百川的气度,每个有志青年都能在这里找到适合自己发展的方向和路径,开辟出崭新的人生境界,书写出属于你们自己的北大传奇。

"过去未去,未来已来。"教育的意义在于让受教育者在面向未知的世界时,为生命的展开找到支点。北大是你们求知的圣地、发展的舞台,是你们前行的动力、坚强的支撑。充满好奇心和求知欲的你们,将在这里体验探索未知、创造新知的快乐。

校长致辞

  2018年5月2日，习近平总书记在北大考察时，向青年学生提出了"爱国、励志、求真、力行"的希望，这将激励你们努力成长为"德才均备，体魄健全"的社会主义建设者和接班人。亲爱的同学们，北大敞开怀抱欢迎你们！我们在北大等待着你们！

目 录

1 / 未名未央

  《周易·乾》中有："君子终日乾乾，夕惕若厉，无咎。"这句话在孔子的解释中，便是居上位而不骄，在下位而不扰，是乾乾因其时而惕，虽危无咎矣。而落实到我们现在的学习与生活中，便是时刻认识自己与反省自己，不能因为一时的荣誉或者失败就困在当下无法自拔。穷则思变，因变而通，因为"通"获得长久的进步。这样才能不断地挑战自己，直面人生，并在宝贵且独一无二的塑造自身的青春时期完成独属于自己的蜕变。

9 / 别样的圆梦路

  没有化学作为基础，怎么能知道酶催化的机理；没有数学作为基础，如何能计算遗传病的发病率；没有物理作为基础，怎么能理解眼睛的成像机制……所以只有从小就培养一种善于提问、乐于探索、勤于读书的习惯，才有可能在未来科学的道路上走得更远，才更有可能取得辉煌的成就。

19 / I will do it my way——about the growing

  人会长大三次。第一次是在发现自己不是世界的中心的时候；第二次是在发现即使再怎么努力，终究还是有些事令人无能为力的时候；第三次是在明明知道有些事可能会无能为力，但还是会尽力争取的时候。

29 / 忆往昔

如何训练题感呢？很简单（深刻的问题，答案一般都不复杂），就是踏实地做题。所谓踏实，就是说像考试一样规规矩矩地写题，而不是一看会了就跳过去，用这种方式做一定量自己水平范围内的题后，题感就会大大增强。

39 / 我，为自己代言

我用黑色记基础知识，紫色记案例，蓝色记拓展知识，红色记易错内容。这样记，不仅方便查阅，背诵时也能根据所需时间长短调整背诵内容。

47 / 致高三学弟学妹的一封信

每次整理新的错题时，看看前面同类的错题，想想这些题的解题思路有何共同之处，都有哪些典型的错因，日后运用这一思想方法时在思路的严密性和书写方面有什么需要注意之处，当初解题思路有哪些可以调整改进的地方。

57 / 回忆往昔峥嵘岁月

很多人实行题海战术的效果却微乎其微，一方面可能只是在做题却没有归纳总结，单纯地做题只会让努力的效果不能充分发挥；另一方面则是做题过程中没能真正提升自己的基础能力。

65 / 暑期杂忆

我记得当时自己拎着个小袋子，站在外围，越过前排的同学，瞭见光荣榜上居然是我的名字。没有狂喜、没有尖叫，我只是在心底默默地对自己说："看吧，没有什么不可能！"

71 / 脚踏实地　追逐梦想——高中学习心得小结

发展强项并不意味着要舍弃对其他科目（或者说是其他领域）的学习，而恰恰是在保证其他科目不被丢下的基础上，凭借兴趣进行发展。高中学习的内容基础而广泛，与现实生活联系紧密，各科目设置不仅锻炼了我们的各种思维能力，教给了我们解决现实问题的基本方法，也蕴含了当代青年所必须具备的科学文化和思想道德素养。

81 / 学习这件小事

如何安排好校内课程与竞赛的时间一直是让我纠结头疼的问题。资质平平的我在面对课内学习与竞赛时常常感到分身乏术，最后发现最好的方法就是将竞赛和校内学习融合，让它们和平相处，相互促进。

93 / 人生就是不停的战斗

学习永远不应该是一个单向的过程，依靠老师教给你多么有用的东西、多么高超的技巧是不现实的。老师教、学生学，大部分时候后者比前者要重要得多。从一个老师身上你可以学到很多东西，而喜欢一个老师可以让你学到更多的东西。

101 / 关于前燕园时代的六年

不管是百分之一还是千分之一的筛选率，只要能有一个人，这个人也有可能是你。要用这个信念去追逐梦想才对。还没努力还没尝试就说机会太小，那是借口。我总是觉得梦想要自己追，机会再小也是有机会，争取了或许有的时候会遇到失望，但是如果不争取，想要的东西是肯定不会自己送上门来的。

113 / 师·道

竞赛得奖，我要说，这是一件锦上添花的事。之前你参加的竞赛培训、做的练习、花的工夫是织就的锦，至于得奖那个名头及随之而来的省队呀、加分呀之类现实利益都是那个锦上的花。这花儿有了当然是好，如果没有，你也要相信自己已经织出了一匹好看的锦缎。

121 / 感恩拥有　从心所求

　　所幸爹娘开明,没有横加干涉,任我自由发展,我做的许多不起眼的事情——垒起一座沙滩城堡、栽下小花小草都会得到他们肯定的目光。他们的这种教育方式一直未变。时至今日,他们的赞许是让我感到最开心、最幸福的事情。

129 / 和于江老师在一起的日子——回忆高中生活

　　他习惯于给学生充足的时间去思考、去感悟,而不急着讲解。每节课讲的知识和题目量很少,一般难度也不大(至少对我而言不太难),但是内涵丰富。有时题目比较复杂,他讲之前还会把答案步骤工整地抄到黑板上。我对于老师写板书的样子印象很深刻,他喜欢展示题目或解答的整体结构,而不是细节。

141 / 仰望星空与脚踏实地

　　在面对学习中的一个个小路障和生活中的一次次不如意之时,我总选择自己宽慰自己,自己鼓励自己,做一些自己喜欢的事,静静地或是狠狠地释放悲伤、压抑的情绪,为自己"洗脑",给自己创造一个充满希望的明天,然后坚定把梦想坚持到底的信念。

151 / 浅谈学习方法

　　对我来讲,我的学习方法中笔记和改错本是我学习中非常宝贵的资料,这二者都应该在学习新知识的过程中不断去整理、完善,不断去回顾。

159 / 高考英语之我见

　　记单词的重要性,不言自明。可以说,英语学习就是一个词汇量不断积累的过程,掌握较大的词汇量,是通过任何一种英语考试的前提条件。因此,我认为英语这门课,最需重视的就是词汇。

167 / 书生之路

　　回首书生之路，我从来不是班上最用功的学生。很少下课后埋头苦读或是回家后挑灯夜战、彻夜通宵。我想，我可能有一个优势就是高效，还有一个就是重复。

177 / 用双手照亮梦想

　　或许，正是这分坚持，让我在课内学习和个人爱好之间游刃有余。而且我认为，个人爱好与课内学习并无冲突，个人爱好可以作为释放和缓解压力的一种途径。同时，爱好可以辅助学习。例如，我在练习书法的同时记诵了不少古诗词，了解了不少古人的奇闻轶事，对语文学习起到莫大帮助；自学 Photoshop 的过程中，我对电脑信息技术的认识更深一层；在享受音乐的同时锻炼听力；在看美剧的同时了解异域文化……寓教于乐的方式让我的学习倍感轻松。

187 / 北大不远

　　"乐之者"是学好一样东西的最佳状态，这时也许不能说是学，而是享受了。一个人如果不能在学习上得到自己想要的满足感，就会想去别处寻找。爱好是一种有力的强心剂，在你失望或无助的时候是一种支撑，从而给你走下去的信心和动力。生活中除了学习，我们需要另一样可以热爱的东西，让它将我们消磨在书本里的激情和活力寻找回来。

197 / 高中漫谈

　　如果说学习是主食，那么课外活动与爱好就是菜和汤，光吃主食的确可以充饥，不过要健康成长绝对少不了菜和汤。同时，不同学科是不同的主食，馒头与米饭同样重要，偏科是万万要不得的。再来说菜和汤，有一个爱好是一件幸福的事，尤其当这个爱好伴你走过了很长时间，成了你一生的精神寄托。

205 / 十八岁断想

　　爬山的时候换一条新的路线，体验别样的风景；用餐的时候换一家新的饭馆，体验另一种美食文化。从小的方面来说，这能让我们换一种心情，增加生活乐趣；从大的方面来说，这能让我们永远保持积极向上的心态，永远充满朝气，永远有收获、有进步。

215 / 活在感恩的世界里

　　感恩一直呵护着我、疼我、宠我的母亲。用她的话说："好孩子就是宠出来的，我就要宠我的儿子。"正如净空法师的格言所写："活在感恩的世界里，感激斥责你的人，因为他助长了你的智慧；感激绊倒你的人，因为他强化了你的能力；感激遗弃你的人，因为他教导了你应该自立；感激欺骗你的人，因为他增进了你的见识；感激伤害你的人，因为他磨炼了你的心志……"活在感恩的世界里，感恩一切众生给予我的助缘，感谢所有帮助我、支持我、肯定我的人，同时也感谢一切伤害我、斥责我、否定我的人。

未名未央

姓　　名：郭伟杰
录取院系：生命科学学院
毕业中学：山东省济南市历城第二中学
获奖情况：第 22 届全国中学生生物学竞赛一等奖

　　《周易·乾》中有："君子终日乾乾，夕惕若厉，无咎。"这句话在孔子的解释中，便是居上位而不骄，在下位而不忧，是乾乾因其时而惕，虽危无咎矣。而落实到我们现在的学习与生活中，便是时刻认识自己与反省自己，不能因为一时的荣誉或者失败就困在当下无法自拔。穷则思变，因变而通，因为"通"获得长久的进步。这样才能不断地挑战自己，直面人生，并在宝贵且独一无二的塑造自身的青春时期完成独属于自己的蜕变。

　　八月的尾巴上，北方秋意展现。仿佛就在一瞬间，将近三个月的漫长假期就这样过去。是啊，时光向来如白驹过隙不留影踪，十二年都可以这么过去，这留给我们过渡的三个月又何其短暂。从十二年前的懵懂到十二年后的求知，从那时的依赖到如今的独立。这先选择后努力的人生过程，让十二年的厚重累积在我心里留下烙印。从梦开始的地方启程，我面对远方，即将打点行囊离开家乡，不知道第一脚踏进这个古老而又年轻的地方，会不会在某一瞬间听到自己快要静止的心跳。

　　第一次走进北京大学是在2011年，在一场大雨中我跑遍整座校园却不曾看清她的模样。只有熟悉的氛围像某种睡梦中的味道萦绕心间，好像我们已相识多年。或者说，她正在这里等待着我，以及像我一样的某群怀揣梦想的年轻人。

　　那是一场意外的邂逅，或是一段传奇的开始。

回忆起走过的漫漫十二年求学路，每个人的心中一定是感慨良多。从小到大，我一直很喜欢数学和生物，小时候总爱捉些小虫子或者种些不知名的花花草草，追着家长问这是什么、那是什么。高中阶段，我很幸运有机会参加生物竞赛的学习课程，通过将近两年的锤炼，我在第22届全国中学生生物学竞赛中以全国第一名的成绩进入了北京大学生命科学学院，实现了一个看似非常遥远的理想。成绩的取得来自于天分，来自于兴趣爱好，但同样也与后天的努力分不开。虽然就我自己而言，并不是一个非常刻苦努力的学生，但开朗的性格和广泛的兴趣，让我避开了"死读书"和"读死书"的恶性循环。我会尝试着去冷静思考问题，然后再想办法处理和解决问题。虽然没有足够的时间去参加社会实践活动，但是对自己抽象思维能力的锻炼在我的学习生活中仍然占有非常重要的一部分。我会有意识地锻炼自己将书本上学习到的知识运用到生活当中的能力，尤其是大学生物课本上的知识，其应用范围和空间要更大一些。事实上，拿高分并不是学习的最终目的，只有真正学会运用知识，懂得知识的实际使用价值和内在含义，才是我们学习所要追求的结果。

　　至于学习方法，我觉得这是完全因人而异的，每一个人都有自己独到的方法和见地，这就像是没有标准答案的一道命题，最适合自己的那个就是最好的那个，也是自己辛苦摸索才能得出的那个。但有一些基础知识却是大家都应该掌握的，这些基础知识就像是解题的基本模式一样，会帮助大家更好地找到答案。比如在高中阶段，我的生物竞赛教练，同时也是非常热爱国学的宋老师就经常告诉我们"穷变通久"四字原则。《周易·乾》中有："君子终日乾乾，夕惕若厉，无咎。"这句话在孔子的解释中，便是居上位而不骄，在下位而不扰，是乾乾因其时而惕，虽危无咎矣。而落实到我们现在的学习与生活中，便是时刻认识自己与反省自己，不能因为一时的荣誉或者失败就困在当下无法自拔。穷则思变，因变而通，因为"通"获得长久的进步。这样才能不断地挑战自己，直面人生，并在宝贵且独一无二的塑造自身的青春时期完成独属于自己的蜕变。这样，四年之后，或者更多年之后，我们才能承担起属于自己的责任，成为一名真正的社会人。

今天能有机会进入到北京大学，除了我自身的努力，更重要的是要感谢这么多年以来，在这条漫长的求学路上一直支持陪伴我的父母，一直鼓励教导我的老师。如果没有他们的爱和付出，我想我们中间的任何一个人都不会走到这里。一声"谢谢"真的很单薄，可我还是想以此表达我心中满满的感激。

都说父母是孩子的第一任老师，我父亲的某些教导方法确实让我受益匪浅。第一点便是父亲时常跟我说的"它山之石可以攻玉"。无论是学习还是做人，无论是工作还是生活，父亲教育我总要保持一颗谦虚的心，一颗求知好学的心，要去发现别人比自己强的地方，哪怕这个地方很微小，可只要学会了这一点我们就取得了一些本领，得到了一些提升。而在学习过程中的积淀，是别的东西带不走的，包括时间。就现实情况而言，进入了北大的我以及诸多北大学子，我们就真的很强、很完美吗？其实不尽然。我们有很多地方甚至还需要跟小学生学习。乔布斯说："Stay hungry, stay fool."我们的老祖宗说："亢龙，有悔"。

父亲对我的第二条教导虽然是针对学习方面的，但在日常生活中确有其引申义。他教育我在考试或平常制订计划时，要注意把握大的方向，而不是把计划制订到每一分钟，甚至到截止之日前的最后一分钟。给变数留出余地，就是给自己留出后路。因为在这个世界上，有太多太多东西我们无法控制。现在有很多人支持把自己逼上绝路，不留余地，以此期待能超常发挥或得到意想不到的好结果，但这种做法我真的不赞成。我认为人生是自己

的，没必要留下一个决绝冷艳的姿态给外人膜拜，而自己却面对悬崖峭壁，面对收拾不了的烂摊子。做事应充分考虑，冷静分析，留有余地，留有后路。生活还是宽松一些、从容一些好。

父亲教给我的东西还有很多，但这两条却是他时常重复的，也是让我受益最深的。对于一个父亲来说，儿子最重要的东西可能不是学历而是品质。而所谓的人品和素质的塑造需要经得起生活的考验和锤炼。在那些与父亲不能相伴的日子里，我需要掌握如上方法，学会走出自己的路。

现在，我虽然进入了全中国学子几乎都梦想着的学术殿堂——北京大学，但是最近这一年我的成长之路却并非一片坦途，困难和压力不曾离开。记得高一刚接触生物奥赛的时候，我在一开始就总是第一名。说实话，这让当时还没有什么经验的我感到非常兴奋，兴奋之余还留有一丝茫然。经过几次测验的胜利之后，不知道怎么我的成绩就一直往下滑，好长一段时间内拿不回属于自己的第一。那段时间我觉得自己并没有不努力，也没有过分骄傲，但成绩就是提不上去。失落感和成就感一样来得如此莫名其妙。

其实面对失败和困境，我们要做的事情很简单，就是接受现状，不要害怕也不要自己一个人憋着。此时，用什么方法并不重要，试着减轻压力就好了。我很感激我的生物奥赛教练，在那个时候他总是找我聊天，有时候是专门讨论做题，而有时候就是给我减压。还有很多一直陪伴着我、一起奋斗了许多年的小伙伴们。我觉得面对挫折和失败，有时候没必要自己扛着，无论是出于自尊心，或是出于羞涩腼腆，还是不信任他人等原因，都没有什么必要。试着把问题说出来，试着与他人沟通一下，这样你就会发现其实你身边的很多人都会乐于帮助你，他们一直在关心着你，伸着手、接住你。

后来虽然联赛的时候,我考得也不好,可以说是能预想到的情况中最差的一种,险些与国家比赛无缘,但是在学习生物竞赛的两年间,我不仅学会了与他人分享自己的困难,还学会了在别人的身上汲取正能量,抛下嫉妒、不安等负面情绪。我已经不是两年前那个毫无经验的小男孩。就这样,我在很短的时间内就恢复过来,投入到正常的学习生活中,不再对未知的比赛惶惶不可终日。最终,我在比赛中取得全国第三的好成绩,当时自己还有点不敢相信。然而,这是意料之外,情理之中。

不念过去,不畏将来。请以这样的态度,面对当下的一切。

除了学习之外,我个人还喜欢各种球类运动,比如乒乓球、羽毛球等。从高一开始我接受学校里比较正规的乒乓球和羽毛球训练,直到高二我打羽毛球拿了金牌。我用短短两年的时间,使自己的技术有了大幅度的提升。虽然我还没有达到代表学校去比赛的程度,但是在业余选手中,也可以对得起北大学子的称号。实话说,体育运动也并非易事,进步的取得,与平时在这些项目上花时间练习有着不可分割的联系。

总的来说,对自己的时间有着很合理的规划在日常生活中是非常重要的。我认为,高中阶段尤其是奥赛生,虽然课业压力繁重,时间有限,但是只要科学地规划好自己的时间,有计划、有目标并且有自制力,做到学习、娱乐两不误其实还是可实现的事情。举一个例子,在我寄宿时期,住在我上铺的舍友是对我影响比较大的一个人,他让我最佩服的地方就是对时间的利用。那时晚上熄灯之后,大家会去自习室再学习一会儿,但这个同学从来不选择大家都去的时间去自习室,而是在宿舍用手机看一会电子书,或者干脆早睡觉,等我们回来得差不多了他再去自习室学习,那时大概是晚上十一点半左右,他学习了半个小时之后,就回来睡觉了。可这位同学在班上的成绩总是名列前茅,大家都说他聪明，每天不用学也能取得好成绩。但是认真反思一下，他真的是不用学吗？每天去自习室的我们，除去一帮人在自习室准备的时间，还有不经意聊天的时间，真正用在做题与深入思考上的时间，也不会超过半个小时。而且回来之后，往往因为聊天而头脑兴奋，真正入睡也要到十二点了。其实很多时间就被我们无形地浪费掉了。这个同学比我们聪明的地方就在于，他选择了时间利用率最高效的方式，通过避开人多时间去自习室这种方式，很轻松地做到了学习与娱乐两不误。当然，这是比较极端的情况，我只是想通过这个同学的例子与大家分享我学到的经验，即我们应该充分地了解自己，知道自己在哪一段时间或哪一个特定的场所精力是最充沛的，在这之后，只做能够百分之百出效率的事情。可能一开始做起来确实比较困难，但是只要坚持下来确实会受益无穷。

人说梦想恒等于悲伤，像候鸟迁徙去南方。可是用于目的的飞翔，总好过无尽头的守望。

我认为，人什么都可以没有，就是不能没有梦想。或许，有什么样的梦想才可能成为什么样的人。我即是如此，一旦确定了某个目标就会努力去实现它。但是对于目标的确定，我并不是一条路走到黑，只管目的而不看周围的人。动物行为学上有个专业的名词称为试错，那么我对大学四年的规划基本上可以概括为有着较为清晰的目标，并且在实现目标的过程中试着犯错。

别样的圆梦路

姓　　名：白　珂
录取院系：生命科学学院
毕业中学：山西省山西大学附属中学校
获奖情况：2012年全国中学生生物学联赛（省级赛区）二等奖
　　　　　　2013年全国中学生生物学联赛（省级赛区）一等奖
　　　　　　2013年全国中学生生物学竞赛国家金牌
　　　　　　2013年全国高中生数学联赛（省级赛区）二等奖
　　　　　　第30届全国中学生物理竞赛（省级赛区）二等奖

没有化学作为基础，怎么能知道酶催化的机理；没有数学作为基础，如何能计算遗传病的发病率；没有物理作为基础，怎么能理解眼睛的成像机制……所以只有从小就培养一种善于提问、乐于探索、勤于读书的习惯，才有可能在未来科学的道路上走得更远，才更有可能取得辉煌的成就。

时间总是以它固有的节奏流经每一件事，流过每一个人，流淌着精彩的生活，不知不觉间它已经在我身边流过了18个春秋。期间虽然没有波澜壮阔的战歌，但每一个片段都是动人的乐章。伴着18岁成年的号角声，我如愿走进燕园，从这里开始一段新的征程，继续着自己的圆梦之路。

虽然以前没有想过一定要走进北大求学，但走进生命科学却可能是一个必然。从小就热爱科学的我对一切都充满了强烈的好奇心，上至天空中翱翔的雄鹰，下到深海中畅游的鲨鱼，巧夺天工的大自然造就的千千万万种形态各异的生命，无不令人惊异、赞叹！出于强烈的热爱，小时候的我经常看各种科普节目、动画片和书籍，每了解一点新知识，都会如获珍宝，激动不已。

随着知识的积累，原来单纯的对生命的热爱又添了几分对科学的向往。无数的先辈在科学的道路上前赴后继，才让人们渐渐地认识了自我，认识了世界。但现在人们所了解的只是冰山一角，我愿意做一名科学的探索者，用自己有限的人生，去进一步揭开这个世界的神秘面纱。

别样的圆梦路

事情顺利地进行着。从小学到初中,我一直保持着较好的成绩默默地奋斗,毕竟"九层之台,起于垒土",一切都要从基础做起。没有化学作为基础,怎么能知道酶催化的机理;没有数学作为基础,如何能计算遗传病的发病率;没有物理作为基础,怎么能理解眼睛的成像机制……所以只有从小就培养一种善于提问、乐于探索、勤于读书的习惯,才有可能在未来科学的道路上走得更远,才更有可能取得辉煌的成就。所以,我们只有努力学习,将来才有可能去更好的学术机构研究自己感兴趣的东西,才有可能遇见更多满怀热忱的同道。

我清清楚楚地记得,曾经做过的一篇阅读文章提到:"把你要做的事情写下来,无论它是一个遥不可及的梦想,还是一件件具体的小事,把它放到一个容易看到的地方,这样你就能每天都知道,还有一件事等着我去做。"启发之下,我把自己想成为生物学家的梦想写入自己的QQ签名,并且在实际学习中努力朝那个方向靠拢,努力地要求自己多了解一些生物知识,就这样无形中给自己施加了一些压力,确定了一个目标。渐渐地,做生物学家好像成了一个神圣的使命,等待着我去完成。

虽然我在初中并没有真正开始对生物的学习,但一颗幼苗已经将根须牢牢地扎在了我的心里,正在等待着一场甘霖,然后如春笋般迅速成长。

升入高中,这个机会终于来了。生物竞赛就像东风,催动蓄势待发的战船在大江里劈波斩浪,乘风而行。竞赛报名的时候,我几乎没有犹豫,当天就报名了生物竞赛。虽然有很多人认为生物竞赛的含金量没有数学和物理竞赛的高,虽然经常听人说"学好数理化,走遍天下都不怕",但我觉得,要想真正学好一门知识,就得摒弃功利心,抛开表面的浮华,以一颗简单、坚定、求学的心去认真地对待,遵从兴趣,这样才不容易半途而废,而是迎风而前，攻克难关，到达成功的彼岸。

就像罗伯特·费罗斯特所说："黄色的树林里分出两条路……而我选择了人迹更少的那一条，从此决定了我一生的道路。"

虽然选择的是生物竞赛，但其他的各科竞赛作为课内知识的补充，我都会经常翻看。因为各科之间应该融会贯通，学以致用，这样不仅能够加深对知识的理解，还能拓展知识量，开阔视野。有这样一个调侃：如果你想学好生物，那么你除了生物还得精通化学；如果你想精通化学，那么你还得学好物理；如果你要学好物理，那么你的数学必须很优秀。这当然是抱怨学生物比较累，但也反映出了学科交叉的必要性，单靠一门知识搞研究，是不可能出成果的。当然，这一切都建立在学好课内的基础上，否则一切都成空中楼阁了。学得广固然有用，学精一门更是根本。要是在大千世界中迷失了自我，还不如只学好一门。所以，我的主要精力当然还是在生物上。

一开始，由于都是基础，难度不大，所以学得还算轻松自如。我的第一本竞赛书实际上就是大学的基础教材——陈阅增先生的《普通生物学》，内容通俗易懂，又不失深度，所以我看得津津有味，既像抱着一本故事书，又像实现了多年的某个夙愿。我的整个高一都是陪着这本教材度过的，在还没有繁重起来的课业中，穿插一会儿竞赛，让疲惫的大脑换一种思维方式，在轻松愉悦中，生物基础慢慢稳固下来。虽然我用的时间稍长，但这是值得的，能充分地掌握知识就对得起所花的时间，毕竟学习不能急功近利。

高一结束后，真正的竞赛才刚刚开始。失败的全国高中生物联赛使我明白：每一部分内容都需要加深难度。于是从《植物学（上）》开始，逐一地学习生物的每一个分支成了我接下来一年的任务，因为高二下半学期我就要参赛，没有时间用来浪费。暂时

抛开别的竞赛，每天我用在生物学习上的时间也就更多了。

也许是当时面对八九本要看的教材有点着急，也许是难度加深确实不能看一遍就要求全部掌握，第一本书《植物学（上）》已经是勉强接受；第二本书《普通动物学》看完之后我印象全无；看第三本书《动物生理学》时，我的大脑中一片混沌，已然不知所云；看第四本书《植物学（下）》时，我已经无法直视了。这时已经临近12月份，从未遭受过如此沉重的打击，使我对竞赛渐渐失去了信心。

但那颗幼苗早已根深蒂固，退出就意味着放弃了自己多年的梦想，意味着以前的努力全都付诸东流。几个问题不断地在我脑中回旋：哪个成功者没有经过暴风雨的洗礼？如果坚持多年的理想因为一点挫折就放弃，还有什么能让我坚持更长的时间？如果大学必须学通这些课程，为什么不能在现在弄明白？……不甘与不舍不断刺激着我，终于在几天的彷徨和思考之后，我决定把这条路走下去。

但这条路仍然是举步维艰，似乎上天并没有因为我的决心而感动，一切知识还是那样的晦涩难懂，我的生物竞赛的前途依然十分渺茫。直到12月份的某节竞赛课，我的生物老师——赵老师的一番话，使我的学习出现了转机。她说，学习一定要稳扎稳打，尽管你们课内学习十分轻松，也是班级里的佼佼者，但竞赛学习难度的提升不是一点半点，贪多求快，必然会造成知识不扎实，看的书多又怎么样，你都会了吗？不如慢一点，做好复习和总结，把学过的每一点都落到实处，真正学好一门知识，这样才能真正受益。

虽然这是每一位老师都强调过的方法，但对于当时急躁的我来说，却是一针见血地指出了我的病症，使我迷途而返，重新燃起了希望。于是我沉静下来，将以前看过而没有掌握的内容又重

新复习了一遍,每遇到一个不懂的知识,或问老师,或查资料,直到搞清楚再进行下一节的学习。我还专门买了一个本子,总结难记、难懂的知识点。再加上习题的定期检测,脑海中知识的轮廓越来越清晰,做题也越来越得心应手。随着知识的积累,我渐渐能够举一反三、触类旁通,构筑起了一个庞大的生物知识网络。

很快,春节过后,新年伊始,三月的春风带走了冬日的严寒,淅淅沥沥的春雨代替了多姿的雪花,伴着越来越温暖的教室,时间也越来越紧张,离最终的决赛仅剩两个多月的时间,而我还有生物化学、细胞生物学、微生物学等大量内容没有掌握,课内知识又不能落下,这样娱乐放松的时间就越来越少,学习上我也感到越来越累。

"时间就像海绵里的水,只要愿挤,总还是有的。"鲁迅先生的这句名言激励着一代代青少年勤奋学习。为了能更充分地利用时间,我把作业放在手边,每当老师讲到一个我熟知的知识,或是一道简单的习题,我就会写一会儿作业。课间十分钟也尽量多地用来写一些零碎的作业,就这样挤出了大量完整的时间用来学习竞赛知识,比如晚自习。虽然已经学习了一天,但在安静的晚自习上,所有人都在埋头学习,气氛不亚于一个图书馆。因此,我几乎把晚自习的全部时间都贡献给了竞赛,只有在课内作业比较多的时候,我才会腾出一点时间用来做作业。当然回到宿舍还有很多的时间可以用来学习,我都没有耽误过。洗漱完毕一直到午夜十二点,这段安静的时间我都会认认真真地看一会儿书,或者做一会儿习题。

侵占如此多的休息时间,最直接的代价就是困倦!每当这个时候,我都会闭上眼睛,趴一会儿来清醒一下大脑。否则不仅学习效率低下,还会使人头晕目眩,非常难受,很多同学也因此导

致学习成绩直线下滑。由于我平时就想得比较多,把每一个公式、每一个定理都研究得很清楚,因此我可以把成绩维持在一个较高的水平。但长时间、高强度的学习使我有一种大小脑分离的感觉,每次起床都要挣扎很长的时间。一到周日,我常常能睡到上午十点多,才能缓解一个星期的疲惫。然后我会听一会儿轻音乐,去操场散一会儿步,放松够了就继续回来看书。那段时间,我对生活中的很多小事都会充满感动。比如,下课时同桌帮忙接了一杯水,操场散步时发现一株抽出绿叶的柳树,一场小雨带来清爽的空气,都足以使我感动很长时间。

时间就这样一天天过去,虽然很苦很累,但并没有度日如年的感觉。每天都有很多收获,每天都过得简单而充实,同时我也会发现还有很多东西需要学习。学无止境,我只能坐一叶扁舟,在这广阔的大海上尽力远洋,将自己发挥到极致。

转眼间,5月12日的太阳将光芒洒向了大地,全国中学生生物学联赛的结束使这一切都暂时告一段落。放下竞赛,回归高考,原来学习生物竞赛所用的时间如今全部释放,大量的时间又重新分配给了语、数、外、理、化、生,更重要的是,我终于可以好好地放松一下紧绷了两个多月的神经和疲惫的身体。而通过生物竞赛留下的宝贵财富——自律与专注,则帮助我迅速、轻松地闯入年级前十名,我对一切又充满了信心。

经过一个月的等待,联赛成绩终于尘埃落定。皇天不负有心人,我拿到了省级赛区第三的成绩,同时也进入省队。这就意味着我将面临一次更大的挑战,以及接下来两个半月的拼搏。此时课内学习已经基本结束,开始进入复习阶段,而且这两个半月中,一大部分都是暑假,期间我还去外省进行了一次集体的培训,因此我暂时放下了一切课内学习,全身心地投入生物竞赛当中。我不用再像以前一样全盘皆顾,因此时间充裕了很多,每天

都能以最饱满的精神去学习。

进入省队以后,最大的不同就是增加了"实验"这项内容。实验是自然科学的基础,不会实验就无法进行科学研究。因此,对实验的检测是生物竞赛的一项重要内容。由于刚刚起步,大多数内容都是基础性知识,不是很难,只要勤于练习,一切都还是没问题的。毕竟实验不是随时都可以做,因此我的主要精力还是放在了对理论的学习上。一有闲暇时间,我就翻出以前的课本和笔记,先从头到尾复习一遍,进一步加深印象;然后,我又买了本《细胞生物学》,接着进行新内容的学习。决战的脚步在一步步逼近,每一位省队选手都紧张而期待。我每天在实验室里忍着化学制剂的的气味埋头读书,每天晚上伴着蚊子认真做题,看着黑板上醒目的倒计时,我和另外两名同学互相提醒、互相鼓励,疲惫时一起谈人生、聊理想,无聊时一起抓蚊子、讲笑话,共同向着同一个目标努力!

很快,倒计时已从20天减少到1天,上战场的日子终于到来,此时最重要的已不是看书,而是调整好心态,把自己两年所学的知识最大限度地发挥出来。为时五天的济南之旅开始了……这五天,我们享受着最方便、舒适的待遇,与培训时认识的同道兄弟再次相逢,最后一次同场作战,最后一次共同欢乐;既是收获成绩,也是收获友谊。这五天,显得那样短暂,我们学会了坚强,学会了面对现实,重新思考了人生。在济南这座泉城,我们明白了生物竞赛的意义。

虽然我拿了金牌,但新的挑战已经开始。虽然我被保送到了北京大学,用两年完成了千千万万的学子要三年才能完成的目标,但学习不能就此结束。学习,不是为了在某个特定的阶段完成某个特定的目标,而是为了满足自己的好奇心,提升自己,为自己以后驰骋世界做准备,这才是学习的真正意义!生物竞赛,

也不是为了拿到金牌然后获得保送的机会，而是最大限度地拓展自己的视野，在紧张的学习之余学会协调课内与课外的关系，并培养自学的能力，为终身学习做准备，这才是生物竞赛的真正意义！

当然，我能取得这些好成绩，都要感谢我的老师给了我一个自由的发展空间，在我最困顿的时期给予我鼓励和支持。如果当初在竞赛停滞不前的时候，老师以耽误"课内"学习为由劝我放弃竞赛，我一定会听取她的意见，然后就不会取得如今的成绩了。每一位学生都像一只鸟儿，需要充分的自由才能展翅飞翔，才能展现出最完美的自己。一旦他们被束缚在"课内"学习的藩篱内，虽然可以取得令家长、学校满意的成绩，但他们也失去了很多发展机会，失去了求知的天性，人生的路也因此而狭窄。

的确，还没有完全实现素质教育的今天，我们需要面对各种考试来一步一步前行，但我们不应为考试而盲目地投入时间和精力。一方面，对于不同的人，需要更多元的发展方向。好成绩是不可能被逼出来的，没有发自内心的学习的冲动，就没有令人满意的成绩，激发兴趣才应该是教育的第一步。另一方面，对于理解、学习能力比较强的同学，就不需要无休止地在题海中提高成绩，做题渐渐失去了最初的探索求真的乐趣，没有了费尽心思解出一道题的欣喜，而更多地被利用某种固定的"解题技巧""答题思路"所替代，这不得不说是一种教育的悲哀。真心希望素质教育能真正推行下去，让更多的学校抛开单方面追求的"升学率"，鼓励学生走进图书馆，去寻找属于自己的那一片天地。

正如蔡元培先生所说："知教育者，与其守成法，毋宁尚自然；与其求划一，毋宁展个性。"走进北大，面临更多的机遇与挑战，我一定会珍惜这里的环境和资源，继续完善自己，在"思想自由，兼容并包"的燕园中继续发展个性，活出别样的自我。

I will do it my way
——about the growing

姓　　名：曹　越
录取院系：地球与空间科学学院
毕业中学：河南师范大学附属中学
获奖情况：第 27 届全国高中学生化学竞赛（省级赛区）二等奖

> 人会长大三次。第一次是在发现自己不是世界的中心的时候;第二次是在发现即使再怎么努力,终究还是有些事令人无能为力的时候;第三次是在明明知道有些事可能会无能为力,但还是会尽力争取的时候。

人会长大三次。第一次是在发现自己不是世界的中心的时候;第二次是在发现即使再怎么努力,终究还是有些事令人无能为力的时候;第三次是在明明知道有些事可能会无能为力,但还是会尽力争取的时候。

假如你有幸年轻时在巴黎生活过,那么你此后一生中无论去到哪里,她都与你同在。因为巴黎是一个流动的圣节。

——海明威

三年前的夏天,过了分班考试,经历了军训,你猛然踏入了化学竞赛这个没有概念的世界。第一堂课讲酸的酸性,听着同学们说出高氯酸、次磷酸等陌生的词汇,只知道硫酸、盐酸、硝酸的你呆坐在座位上,心中好学生的优越感瞬间土崩瓦解,不复存在。老师在讲有机化学时,你第一次不知道老师在说些什么,只见面前粉尘飞扬,键线式写了一黑板又擦掉。后来,你才发现这其实是竞赛课的家常便饭。

怎么会没有想过放弃？第一学期期末你拿着全班倒数的化学成绩，愤愤地告诉死党"我不要这么继续学下去了"，你便卷上那些乱七八糟的大学化学教材逃回几百公里外的家中。只是，当真的要去搁置它们时，你望见那密密麻麻的看不太懂的笔记，突然有一种不舍和不甘。一股不想低人一等，不想轻易否定自己能力的劲儿逼着你大年初二的晚上避开所有亲戚，独自与看不太懂的《大学化学》相伴，一个字一个字硬着头皮读下去。

原来兴趣真的是可以培养的。当你耐着性子读完一些章节后，你忽地发现原来老师说的"我是在温水煮青蛙"的话是真的，原以为生涩难懂的内容原来通过自学也是可以掌握的。你开始重新审视自己，重新审视化学，原来是之前的畏惧、迁就、不思考，造成了你的急躁、无知。摆正心态后，你开始惊叹杂化轨道理论的经典普适性，感慨分析数据的精密严谨，流连于一个个奇特而对称的美丽晶胞，痴迷着一条条创造性的有机合成路线……当再一次看到那密密麻麻的笔记时，熟悉与亲切取代了最初的生涩与排斥，你逐渐淡定下来，也渐渐喜欢上了化学。

高一结束，新一轮的分班开始了。作为竞赛取消保送的第一届学生，该政策完全不明朗。没有人知道拿奖了会有什么优惠，何况能拿奖的也是寥寥。高一60人的班级中仅有10人决定走完这条路。你不是那种每天不看化学书睡不着觉的人，只是觉得这么学着，即使拿不到奖，也不会后悔，便选择了留下，这就是传说中的热爱吗？你自己也不知道。

你知道的，兴趣和成绩根本就是两码事。你发现留下来的，好多都是神仙般逍遥于化学世界的大神，仿佛突然摇身一变从课间那个吹口琴、看小说的人成为佛尔哈德的同道。你慢慢习惯了"被虐"的生活，也习惯了面对一个问题提出四五种解法，然后被证明全部不正确的学习方式。你记着文具盒里学长留下的那句

"事实上,奋斗、不懈的奋斗才是青春的王道",然后把《基础有机化学》抄了一遍、两遍,老老实实做别人不做的课后题,希求着以最笨的努力弥补和同学智力上的差距。然而,并不是努力便会有好名次,当夜夜看小说的室友次次模考成绩高你10分以上,你终于肯承认"即使再怎么努力,终究还是有些事令人无能为力"。还好有老师不断的鼓励和信任,一点一点地纠正你的错误,强化你的思维,帮助你慢慢缩小和同学的差距。一本本地看书,一套套地做卷子,一遍遍地总结,自知不是天分型选手的你没有资格对四天半的暑假有所怨言,能做的只有不懈怠。

当竞赛政策下发的时候,你的心态却发生了巨大变化。当你知道竞赛考得好对于上大学有多么大的好处时,你也由当初简单的不后悔变成了患得患失。你会做梦梦到考试题;会在学习时莫名心慌,仿佛坐在九月份的考场上却什么都不会;会神经质一般地观察室友是怎么学的,为什么他每次模考成绩都那么优异;你会无端地生气,无处发泄……直至参加郑州市竞赛。你考了一等奖最后一名,成绩还不如一些没有系统学过化学竞赛的同学。你第一次跟老师因为心态问题长谈,你被告知"尽力去做了就好""要做好过程,结果不要看那么重""你的高考课程学得挺好,凭高考也可以上好学校"……你便试着这样一遍遍地自我安慰。虽然还是浮躁地在考前两天给往届前辈们群发了短信,考前晚上跟着同学在操场上大唱儿歌,考试当天凌晨似睡非睡,在考试时还算比较投入地完成了试卷。

一出考场你就傻眼了。你不断听到谁谁做出了压轴题。压轴题胡写乱拼凑的你和室友匆匆对了答案,又是10分以上的差距。你早已无力痛苦,默默地到高考教室开始准备自主招生考试。戏剧性的转折姗姗来迟,当传说中的分数线从90分变为85分,再变成80.5分,你终于搭着末班车踏入了化学竞赛省队的行列。决

赛前的两个月，你穿梭于郑州大学实验室和竞赛教室，暂时忘却了高三的压力。除了化学，你的世界只剩下羽毛球、电影和对自己日益漫溢的期望。生活单调地疾驰，而你却在集训队的甜蜜幻想下做着十来个小时的实验，刷着几百页的题典，一点点把自己拴紧，然后拖入荣誉的地牢。终于，一直自我暗示"我不紧张"的你，在决赛考场上紧张地拉肚子，简单题做得乱七八糟，压轴题也全盘崩溃；想要在实验上翻盘的你紧张地把反应原料倒洒，把顺理成章的反应产物弄错……就这样，你以一块银牌结束了化学竞赛的旅程。虽然遗憾，但非常充实，满载收获。

或许经历了竞赛前后的心态起伏，使你能坦然地面对高考，以考不上的心态面对就没有了患得患失。虽然今后的四年无法与化学再续前缘，但无论走到哪里，这段化学竞赛的经历都将与你同在，因为这是一次磨炼，更是荣耀。你能够更坦然地面对那些所谓的大事，能够更客观地接受自己的失败，你不再心高气傲，你终于会承认某些人的某些方面确实是你再努力也难以企及的，但同时你也更加相信努力的力量，不是为了去换取成功，不是为了去超越别人，而是去经历更多的事情，去结识更优秀的人群，去体味原以为空洞的道理，去体验一个更大的世界。

一个世界如果只按强弱黑白两分，它很有可能只是一个立方体，你把它推倒，另一面朝上，原状存在。

——柴静

见过完完全全按照老师节奏学习的标准学生，见过高考前两个月请假自己在家复习的"极品"，见过离了耳机没法学习的"奇葩"，见过就算是在课间也要跑下楼踢两脚球的"疯子"。但

他们有一个共同的称谓叫作高分考霸。学习方法与经验这种东西并没有什么好坏对错之分,就像很多人说的那样:"适合自己的才是最好的。"仍然记得自己刚上高中时的状态:看到大神用的学习资料,不管自己有没有时间写,都先统统买过来,高考完发现还全是崭新如初;狂热地高价买回前辈笔记,却从来没看过;两三天换一种学习方法,两三天换一种作息习惯……这么过了半个学期,成绩却和期许的有着很大差距。感觉很累,也很委屈,终于不想折腾了,就那么跟着老师上课,按部就班地学习课程,完成作业,高考科目成绩竟然在学期结束时有了较大的进步。我才突然明白,所谓的学习方法,其实也就是远行的马车,虽然有快慢之分,但若是把大量精力放在挑选马车,半路换车,而不是放在专心赶路上,是不可能早早到达终点的。越是处于竞争激烈的环境下,我们越是不自觉地拿自己跟别人比,生怕落后于人。对于学习方法这样的工具,往往抱着"别人家的孩子"的态度,而这种态度代表的是一种急功近利,想走捷径,或许还有些许自卑的心理状态。骐骥一跃,不能十步;驽马十驾,功在不舍。倒不是要抱着朽木终老,而是不要去盲目尝试,也不要过于着急看到效果,不要轻易放弃对自己的信心。

　　经过高中初期的教训,我觉得认识自己对学习而言是一件非常重要的事情。自己是慢性子,那就应该着重预习,要学会不被周围同学的速度干扰心态。自己学得快、忘得快,那么可以少预习但要多复习。我的强势学科是什么?我的弱势学科是什么?我在哪个时间段学习效率最高?比如我自己午休前就不能学理科,否则会一直做梦影响睡眠质量。自己是不是一个定力强的人?对于定力弱的学生而言,列出详细计划进行学习会是很好的方法;对于定力强的学生,过于细致的学习计划反而是个心理负担。古人语,自知者明。只有比较充分地了解自己,才能选择适合自己的学习方法，对于前辈的借鉴也才有意义。

所以，阶段性地抽出时间客观剖析自己，按照自身特点制订或者调整学习方法和计划，这样在学习的过程中才能稳中求进，才能无论考得好还是不好都保持内心的平静，始终以一种积极的心态踏实走好前方的路。

正气着，转念一想，又为自己的霸道骇然。人家水仙花难道就不能有自己的花期吗？凭什么非要叫它依照我的日程规章行事不可？……水仙终于全开了，喝令它不许开是不奏效的，但好在我还能改变自己，让自己终于同意高高兴兴去品赏一盏清雅的水仙，尽管是在年前。它是这样美，这样芳香，决不因它不开在大年初一而有所减色。……水仙，也是可以自作其主张的。

——张晓风

还记得正式上竞赛课时的无所适从，不仅是知识难度的加大，更不适应的是从未接触过的教学模式——自讲自学。教练在刚开始领着学习几页的内容，然后告知我们："这本书呢，就这么学，剩下的部分就要靠你们自己来学了。有什么不懂的集体讨论，讨论不出来的再来找我解决。你们分一分任务，给你们时间备课，到时候要把你任务内的重点讲出来，我要在下面听你们讲课。"然后就上自习了。于是，大家各种总结、讨论、查阅资料，班级凝聚力瞬间爆棚。然而当大家第一次拿着自己的教案走上讲台，有紧张得说话不利索的，有准备内容不够深入的，有净讲些"偏""难""怪"的，还有眉毛胡子一把抓的……就这么瞎胡闹般地讲下来，教练就这么耐心地听了下来，之后严肃地指出问题，总结教训，继而安排新一轮的内容。就这么一次次地备课，一次次地讨论，一次次地上讲台，终于在自学时学会了找重点内容；在讨论时学会反驳，学着接受；在讲课时试着把自己的意思说明得更加清楚，一步步脱离对教练的依赖。我们在竞赛结束去补高考课时，由于时间紧缺，各科老师便充分考虑了竞赛生的特点，几乎都采用"大家自己复习，自己安排自己的时间，有什么不清楚的你们数、理、化、生四科竞赛生互相交流交流，有什么集中问题我再解决"的方式，于是我们没有什么一、二、三轮复习，没有什么通用练习册，班主任的唯一要求便是"每天至少一套数学卷，一套理综卷"。大家充分利用自习时间按照自身进度进行复习，用了最后一个学期的时间把之前落下半年的内容都给补上了，高考成绩普遍不错。

从小，我的父母便对我的学习不加任何干涉，从来不要求上什么辅导班，从来不会催我去写作业，在家里从来不谈名次、未来等任何关于学习的事情。倒不是这样就好，只是我的父母明白从小学就在学校寄宿的我性格比较好强，所以很多事情都让我自己拿主意，比如高中去哪上，要不要冒险去把没有任何明朗政策的化学竞赛学下去，等等，他们做的便是支持我的选择。小学寄宿期间，什么都不懂的我在没有父母的监督下，几乎是在玩闹中度过，熬夜看漫画，打架，去黑网吧……就是不学习。最后，我在小升初时出现了没有学上的境况。父母顶着酷暑四处联系学校，自己三天两头参加考试，然后一一被拒之门外。如此的境况让我一下子明白了为什么要自律，也让我第一次去思考自己想要的什么，我应该怎么做。此后，父母给的环境依旧宽松，不同的是即便再没有约束，我也不会忘记自己该做什么，自己想要什么，也就有了现在的我。

作为一个无论成长环境还是学习环境都很宽松的学生，我一直觉得心中那个独立的自我是很重要的。只有知道自己的真实想法是什么，包括特长爱好其实应该都是个人需求，需要顺其自然，才能让你产生去做一件事的巨大渴望，学习也是一样的道理。曾经见过自认为很了解孩子的家长为孩子安排好一切，而孩子做起来却是另一般模样。人不同于花，园丁只能自己摸索花的规律，而人类却有交流的宝贵能力，我觉得需要家长发挥智慧的是如何和自己的孩子交流，而不是为孩子安排学习，安排爱好。其实花也有花期，所以园丁应该根据花期去养育鲜花，根据花的特点去栽培，而花要做的便是按照自己的花期茁壮生长，去努力朝着太阳的方向绽放。

四

　　个人很喜欢于丹教授的一句话：生活给你的是情分，不给你的才是本分。也许现在讲这些人生智慧的东西显得有些空洞，但是在我感觉愤愤不平的时候经常这样劝自己，会坦然很多。我们现在很容易为"前途""方向""选择""梦想"等宏大词汇困扰，但我一直觉得这些词汇真正代表的是一种状态，一种积极奋斗充满干劲的状态，最后能否达成其实没有想象中的那么重要。特别是考试，尽心准备，在过程中享受拼搏的激情，结果顺其自然就好。敲一下自己，赶快回到现实继续走好脚下的路。

　　没有任何成功是轻轻松松的，有追求就一定有纠结，而人往往就赢在那么一点决心和定力。

　　求学的过程，往往也就是成长的过程。在我们的求学时代，无论是知识还是人格，都经历着不断犯错、不断推翻、不断疑问、不断重建，直至渐趋成熟的过程。小学时的懵懂，初中时的气盛，高中时的叛逆，走过这一切后收获的多是一份沉稳和豁达。经过长期的磨合总结，对学习的方法确实有了自己的一些经验；经历了竞赛考试、各种活动、高考等，对于"心态""梦想"也有了自己的体会。但我感觉最重要的是，知道自己要做什么，同时无论在怎样的境地下都要始终保留着心中的希望，面对学习，面对生活，面对任何事情都能报以积极而又平静的态度。

电影《密阳》中的女主人公，在经历了丧夫、丧子、信教、自欺、绝望、割腕后，最终坐在透着光斑的小院内平静地给自己剪发。虽然是开放式结局，但我一直愿意理解为女主终于学会相信自己，平静看待过去，积极生活。积极而平静，我想那便是成熟。希望所有学生求学多年收获的不仅是知识、方法，还有一个成熟的自我。

忆往昔

姓　　名：丁雪浩
录取院系：物理学院
毕业中学：河南省郑州市第一中学
获奖情况：全国中学生物理竞赛（省级赛区）第一名

> 如何训练题感呢？很简单（深刻的问题，答案一般都不复杂），就是踏实地做题。所谓踏实，就是说像考试一样规规矩矩地写题，而不是一看会了就跳过去，用这种方式做一定量自己水平范围内的题后，题感就会大大增强。

刚拿到这篇"作文"时，我感到有些茫然，倒不是因为我没总结过学习经验方法，我的确总结过不少，但都是具体问题具体分析，比较零碎。现在让我用一篇5000字的文章把自己学习经历全概括进去，我感到无从下笔，找不到切入点。鉴于我本来就不是一个能文艺起来的人，那就按时间顺序从小学开始回忆一下我的求学之路吧，借助这个机会让我加深一下对自己的了解。

 小学纪元　公元2002—2008年

其实对于小学纪元的记忆我已经感到很模糊了，一方面是因为时间久了，另一方面是因为小学学习比较轻松，没有留下什么刻骨铭心的记忆，感觉天天都在玩，成绩在校内也还可以。讽刺的事实出现了：小学生活看上去很轻松、丰富，但现在回首看来却很平淡无奇；高中生活看上去很枯燥，天天学习，但回忆起来却是最美好、最刻骨铭心的记忆。要说小学一件记忆深刻的事都没有也不准确，仔细想想还是有两件比较重要的事。

第一件事：说起来也挺可笑，这件我觉得"比较重要"的事

其实就是在二年级一次期末考试考了年级第一。现在看小学考第一肯定说明不了什么问题，但对于当时的我来讲意义还是很大的，它让我把自己定位于"优等生"，让我知道自己不应该是平庸的人，以至于后来从小学高年级到初中、高中我也一直这么定位，这次考试在实质上起到了"推倒第一块多米诺骨牌"的作用。当然就算没有这件事，以后肯定也有另一件事起到这个作用，所以这件事不能算真正的意义重大，只能算象征意义重大。

第二件事：小学六年级华罗庚金杯少年数学邀请赛（简称：华杯赛）遭遇滑铁卢。这件事对我来说是真正的意义重大。当时我为准备华杯赛投入了很多精力，连数学课都不听了，做了好几本练习。考试前自我感觉非常好，似乎什么题都会做，当时还在班里讲课，对一等奖是势在必得的。信心满满地考完后，我的感觉还是很好，考试题都会做。但是获奖名单出来后我傻眼了，我在获奖名单上反复找了不知道多少遍，发现连三等奖都没有自己的名字。当时我的直觉就是不可能，于是我便打电话给教育局查了一下卷子，发现确实什么奖都没有得到。那时我的心理落差非常非常大，几乎是万念俱灰，非常懊恼自己为什么会做的题却没做对几道，当时给自己失败的原因就归结为两个字：粗心！

后来随着学业的推进，痛苦渐渐淡去，我也有了一些冷静的思考，尽管一直没什么答案，但潜意识里一直没有忘掉这个问题。直到初三暑假我看了一篇高中学长谈学习经验的文章，结合我自己的经历，我隐约间明白了一些关于所谓"粗心"的道理，学长的意思大概就是：你要把作业中每一道错题至少算对一遍（包括粗心的错题），否则下次考试遇到类似的问题你还会继续错下去。高中阶段我按照学长的指示来学习理科，果然无论大考小考我都很少失手，成绩比较稳定。后来经过几次竞赛考试的实践，我彻底明白了粗心的原因和应对粗心的方法，最后保证了我参加物理竞赛取得了好成绩。也就是说，小学的那次数学竞赛的惨痛失败其实为高中物理竞赛的成功做了铺垫。至于我是如何顿悟的，粗心的原因和应对措施具体是什么，我会在高中纪元篇详细讲解。

小学纪元基本上就说完了，还有值得一提的是，我在六年级下学期成绩不知道为什么开始下滑，导致初中没有进入重点班。

◇ 初中纪元　公元2008—2011年

总的来说，初中纪元是让我比较不愉快的三年，原因有二，一是初中不住校，在家没什么学习氛围，入校时还没分到重点班，班里学习氛围也一般，和初中班主任争执比较多，初中的那些记忆性课程也比较令我讨厌，基于上述种种原因，让我初中阶段没办法全身心投入到学习中去。但是，初中又客观存在着升学压力，所以比较尴尬的事实就出现了：既不能像小学一样玩得酣畅淋漓，也不能像高中一样学得痛快。二是由于我当时身体不协调，又有点偏胖，导致无论怎么练体育成绩都上不去。所以，有时候我明明文化课考得很好，却被体育成绩给拉下去了，这对我信心的树立和自我定位都造成了一些阻碍。

初中纪元比较值得一提的就是我参加初中物理竞赛。上了初二以后便加了一门陌生的学科：物理。要说起来，我对物理还真是一见钟情，就刚刚上了一两节物理课后，我就意识到了我对物理的兴趣比对数学的兴趣要大得多。当时认为能用几个简洁的公式来描述我们这个无比复杂的世界是多么美好的事情，虽然初中物理很简单，但我隐约感觉到了物理的逻辑之美。当时，初中物理的学习内容已经远不能满足我的求知欲了，即使是定性的描述也不能满足，初中物理课本抛砖引玉似的向我展示了物理的大门，既然看到门了，那我就忍不住往里走走，我开始看一些高中甚至大学的物理课本，并且常常上网查一些物理资料，经常闭门思考数小时，不为别的，只为满足定性描述世界的求知欲。很自然地，我开始学习初中物理竞赛，功利性的动机很少，纯粹是因为喜欢，很享受解题过程中思考的乐趣。学习的道路一直很顺利，慢慢地我就接近了初中物理竞赛，然而竞赛真题让我比较失望，我感觉它太偏生活化了，理论水平太低，所以我才抱着功利的目的、有针对性地准备竞赛，最后的成绩是洛阳市第七，还算满意。这次竞赛的意义有两点：① 为高中物理竞赛做了一些心理准备和思维准备；② 虽然没得到证实，但我感觉郑州市第一中学（以下简称郑州一中）录取我的主要原因就是因为这次竞赛我取得了还不错的成绩。

初中纪元还有一点想说的就是初三上学期我的成绩达到顶峰，然后下学期成绩又开始下降，简直和小学六年级形成了完美对应！我的中考成绩也比较平庸。初中阶段，不良诱惑还是比较多的，损友也比较多，因此比较庆幸自己能坚持不受干扰。

高中纪元　公元 2011—2014 年

总的来说，高中三年非常顺利，顺利到感觉自己在做梦，下面我慢慢说。

高一开学前，我感觉郑州一中高手如云，聚集了河南省各地市的精英，而我在初中时的表现又比较平庸，综合成绩也就勉强排到全校前 30 名。所以，我一开始给自己定位比较低，感觉能不能进郑州一中前 200 名都是问题 。开学后有一场入学考试，题目比较难，我就正常发挥，成绩出来后自己都吓了一跳，居然排年级第 22 名，远远好于我的预期，然后我就把自己定位在年级 20

名左右。后来几次大考我的成绩也比较稳定，没什么重大失误，平均名次大概排年级十几名。

高中阶段我学习非常刻苦，但实际上自己却不觉得苦，有种闲着无聊只能学习的感觉（比较庆幸高中没有对手机产生兴趣）。生活作息时间比较规律，大概早上六点半起床，晚上十二点半睡觉，偶尔看手机到凌晨一点左右。中午我不怎么休息，一天的时间除了吃饭、睡觉、参加集体活动和一些简单的聊天外，基本都花在学习上。当时，我的内心无比安宁，没什么杂念，完全不把学习当成苦差事。我努力学习也没有要刻意多学什么，只是想把老师讲过的东西和作业弄透彻，仅此而已。后来到了高二，学校组织了卓越班，经常进行一些自主招生的培训，因为我当时也不确定自己要走竞赛、裸考还是自招，所以也不敢轻易放弃某一项，于是就在高考、竞赛、自主招生三座大山下挣扎着，非常辛苦，不过协调得还比较好，三者总算都没耽误。后来参加竞赛停课后，不用管高考和自主招生了，我瞬间感觉轻松了不少。

高中阶段，学习刻苦我觉得不能完全归结为我的自控能力强，我觉得最重要的原因还是自己的内心比较安宁，当时觉得不学习就闲得慌，很空虚。之所以能获得如此的安宁我觉得与学校的学习环境是分不开的，只要待在学校，我就是想学习。寒暑假在家时就完全没有在学校的感觉，总是忍不住想玩，高一寒假看了很多日本动漫，高一暑假看完了电视剧《甄嬛传》，高二暑假又看完了小说《甄嬛传》。但只要一回到学校，就立刻恢复了状态，基本不需要时间过渡。

要说起时间分配的话，我其实把大部分时间都放在了高考科目上，周一到周五不看竞赛的学习资料，周末抽出除上竞赛课外的半天到一天时间看竞赛的学习资料，寒暑假基本都投入到竞赛的学习中。至于自主招生，我主要还是跟着卓越班走，除了上相关的课程，并未投入多少额外精力。但比较有趣的是，我投入了大量时间的高考平时综合成绩却一直不拔尖，年级平均排名约十几名；而我投入时间较少的物理竞赛却取得了我自己一开始完全没预料到的成绩。下面开始说高中物理竞赛。

当时高一下学期举行高一郑州市物理竞赛，在此之前我对自己竞赛的定位一直比较迷茫，不知道自己是个什么水平，所以在竞赛上也没什么投入，基本就是把竞赛课上学到的知识消化掉，然后把老师发的题做一做。为备考高一物理竞赛，竞赛前一个月老师每天发一套历年真题，我也就跟着做。刚开始，一张卷子我得做两个多小时左右，后来不知不觉中我越做越快，直到参加物理竞赛前一个周末，我一上午就做了好多套卷子，而且还没什么错。题目其实都可以用老师平时讲的东西解出，只是刚开始不熟练，后来做的多了就快了，正确率也高了。然后我就去参加考试，考的题应该说比历年的题都难不少，写完小题时间就不多了，大题有一两道都不怎么会做。考完我的感觉不太好，但成绩出来时我又惊呆了，居然得了郑州市第三名，和第一名只差 2 分。

经过这次考试后我信心大增，把自己在竞赛方面的定位定得很高。后来我参加各种小考都非常顺利，拿到了很多次第一名，其他不是第一名的时候名次也相当靠前，最后总分远超第二名。从考完高一物理竞赛到高一暑假结束这段时间，是我状态最好的时间段之一，会做的题基本不可能错，而且做题速度很快。但当时光顾着自己得意了，还不明白为啥状态这么好。高二开学延续着暑假的好状态，在知识学了不到一半的前提下自己预习了一下课本，考过了第 29 届物理竞赛预赛，当然因为知识水平差太远，我在复赛就被淘汰了（我挺受挫的，原因之一是这届题目确实比较难，计算量还大）。到了高二寒假，我去北京听了大学教授讲了大概 10 天的课，受益匪浅，思维能力得到很大提升，解题的角度比原来高了一个层次。如果说高一竞赛前刷卷子是我水平的第一次飞跃，那这一次来北京上课就是我水平的第二次飞跃。

这时我的自我感觉就好到了极点，高二下学期开始看一本新的竞赛书，因为全是例题，所以我一看会做就跳过，不会做的就写一下，就以这种方式一天能做几十页甚至上百页的题，然后我就信心满满地去参加高二郑州市物理竞赛，但这一次，我失败了！只拿到了郑州市第20名。从山峰跌到谷底的感觉非常不好受，于是，我开始了贯穿小学、初中、高一、高二的沉痛反思！

经过了几天的反思后，我突然顿悟了！为什么小学华杯赛失利？为什么高一状态那么好？为什么高二竞赛惨败？一切都能解释了！我给自己引入了一个叫"题感"的概念，所谓题感，就是描述做题的速度和准确度的一种状态，与解题能力无关，而是一种状态。题感不好，会做的题即使小心翼翼也会错；题感好了，想错都难。如何训练题感呢？很简单，就是踏实地做题。所谓踏实，就是说像考试一样规规矩矩地写题，而不是一看会了就跳过去，用这种方式做一定量自己水平范围内的题后，题感就会大大增强。除此以外，还有另一个道理，就是越难的题目稳定性就越差，就越需要题感的建立。平时，我们做高考难度的题有没有题感影响不大，但对竞赛（主要指物理竞赛）来说就不一样了。这样一个理论，就把段首的几个问题全解释了，也就是说小学六年级和高二犯的其实是同一个错误——刷题不踏实，而高一下学期之所以成绩剧增也就是因为考前刷了历年真题，在之前学到的理论知识的基础上形成了强大的题感，并且持续了一段时间。

我悟出了这点之后竞赛之路就顺多了。我利用停课这段时间提高了自己的题感，第30届物理竞复赛轻松拿到了省冠军。复赛后的一个月准备决赛，为进一步提高做难题的题感，我又做了一套很厚的竞赛书，尽管很多题都做过了，我还是本着提高题感的目的耐心地又把答案算了一遍。一直到决赛前一天，正好写完（想了一下这一段的写题速度和准确度又达到了一个巅峰），这可以说是我能力的第三次大飞跃。然后，决赛理论我的状态非常好，考完就感觉应该接近满分，最后果然只扣了3分，我也如愿以偿拿到了金牌，总分依然是河南省最高分，保送进了北大物理学院。

然后我就进入了国家集训队，这是一段比较痛的经历。在集训队里我感觉自己被虐成渣了，而且学习的欲望也不太强烈（尽管学习氛围很好），原因主要有三点：① 之前完全没了解过国家级集训队课程，也没做过任何准备，导致一开始和强省的同学比起来基础太差；② 当时有种进了国家队还得再奋斗几个月不如回家舒服的想法，导致我的学习欲望不强；③ 那段时间我开始对手机比较感兴趣。现在想想，虽然基础差，但还是应该努力奋斗去试一试，至少能无悔。

总览我的竞赛之路，其实目的还是很单纯的，我学竞赛时也没怎么想升学的问题，也没下什么类似非北大不上的决心，只是想把竞赛学好，提高自己的做题水平而已。我为什么说高中纪元很顺利？那是因为我在不耽误综合成绩的前提下，学着自己最喜欢的学科，满足着求知欲，取得了满意的成绩，并顺带着进入了自己最喜欢的大学，学着最喜欢的专业。因此我很感谢我的竞赛教练，他虽然对我具体学术性指导不多，但他总能给我指明大方向，告诉我什么时候该做什么，该注意什么问题。

我,为自己代言

姓　　名：苏喆
录取院系：光华管理学院
毕业中学：西北师范大学附属中学
获奖情况：2013年第二十八届甘肃省青少年科技创新大赛三等奖
2013年、2014年连续两年被评为校优秀学生干部

> 我用黑色记基础知识，紫色记案例，蓝色记拓展知识，红色记易错内容。这样记，不仅方便查阅，背诵时也能根据所需时间长短调整背诵内容。

"眼底未名水，胸中黄河月"，这是北大校歌《燕园情》的最后一句。很凑巧的是，这句歌词把对我最重要的两个地方串起来了。北大，是我一段全新旅程的起点；兰州，母亲河上的明珠，是养育我的那片热土。家乡和北京是那样近，只有一句词的距离；但又是那样远，多少人倒在了坎坷的路上。即使一些人成功地走完了这段路，他们大多也有着不同的经历，因而有着不同的感受与收获。在这里，我写出自己的一些体会和经验与诸位分享。

◆ 书山有路勤为径

我比较喜欢将老师的口述、板书、PPT中涉及的内容进行加工、分类后再做笔记。举个例子，做政治笔记时我不像其他同学一样不分主次地埋头苦抄。辅助理解的案例一般入不了我的"法眼"，隐藏着拓展知识或十分典型、新颖的案例会被我搬上笔记本。我用黑色记基础知识，紫色记案例，蓝色记拓展知识，红色记易错内容。这样记，不仅方便查阅，背诵时也能根据所需时间长短调整背诵内容。时间充裕时，在背完基础知识、拓展知识和易错内容后,我会看看案例;时间紧张时,我会着重看易错内容。每门学科都有自己的特点,所以我各科的笔记也是各具特色。地图在地理学习中至关重要,所以我的地理笔记侧面总留有一些空白用来画简易的区域地图。历史与时间关联性强,所以我的历史笔记中会有某段时间发生的所有重大事件,有时我会对比不同地区同一时间发生的不同事情,分析其中的关联和产生差异的原因。学习政治需要很高的熟练度,所以我的政治笔记很详尽,背诵内容"手过一遍"是一定要做的。

人有一个特点,总是对经过大脑加工的东西记忆更加深刻。我在学习新的内容时,经常会从脑海中搜寻与之相似或关联性强的旧知识,探索从旧知识推出新知识的思路,再将二者进行对比。这样不但理解更深入,记忆时也更快、更深刻。做笔记时,我也会将自己思考的内容或是学习时的感想写在知识点旁边,虽然不多,但一定要对日后有所启发。

很多老师不提倡"题海战术",我想他们大概是不提倡只刷题、不思考、不总结吧。先不说思考总结的问题,单是熟练度,不论哪一门课程,它都是必需的。这就要求我们必须保证一定的做题量,"熟能生巧"还是很有道理的。做题时,我们不能想着一天晚上要"干掉"多少题,而要把总量分配到每一天,这样效率更高。由于文综选择题每题的分值较高、对错分明,容易拉开分差,我就针对文综的选择题下了些工夫。政、史、地每门我都买了一本按学习内容分专题的选择题练习册,将较重要的或我掌握不够好的标记出来,优先做这些专题。我把选择题任务分配到每一天,鉴于一个专题大约有20道选择题,我在午饭和午休之间的空闲时间做一个历史专题,晚饭和晚自习之间做一个地理专题,每天一个政治专题分散在课间完成。这样一来,我大约一个半月就刷完了这些选择题。刷题培养题感,刷题过后的总结才能真正深化理解。每天晚自习时我都会对当天做的文综选择题做总结，找出做错的原因。若是对题目的理解偏差，那就要多读几遍题目，熟悉问法；若是对四个选项区分不够，那就要仔细研究选项，哪个是现象，哪个是本质，哪个不够严谨，哪个侧重点与题意有偏差等。典型错题及其解析都会被我"记录在案"。错题本是我做题时必备的"利器"，它也是复习时极佳的资料，复习时看错题本能帮助我们"稳、准、狠"地弥补漏洞。

珍惜今日

其实在整个高中生活中，要想笑到最后、成为"赢家"，我们不但需要提高学习水平，还应提升综合能力。这其中就包括自我管理的能力。高三的时间很紧张，如果不合理规划，就不能充分利用时间。根据自身情况，为自己制订一个合理的学习计划是高三学生进行自我管理的基本要求。我在为自己制订计划时总是会注意两个因素：可行性和多样性。在安排每一天要做的事情时，我会估计完成每一项任务所需时间，尽量保证完成一项任务时不被打断，这样有利于保持思维的连贯性，从而提高效率、节省时间。而且我将各科分散开，每天复习三门，两天为一个周期，这样避免了一直复习一门功课而产生的烦躁情绪，也可以保证不落下任何一门功课。我在做计划时还会尽量将计划安排得紧凑些，对自己有一定的挑战，这样才会激励我不断进步。再者，计划松弛会使我们在一开始就松懈下来，很容易效率低下、浪费时间。对我来说，整个高三就是一个完成各种计划的过程。小到每天计划，大到阶段计划，我都百分百地完成。有些同学不能坚持完成计划，没有按计划行事的耐心和韧性。对于我来说，完成计划是鼓励自己的一个方法。每完成一个计划，小小的喜悦和成就感就足以鼓励自己开始下一个计划。这就是为什么计划要有可行性的原因。不可行的计划会给我们带来心理负担，没有完成计划的挫败感还会影响后面的学习。

坚忍的意志也是"必需品"。我们生活在一个充满着诱惑的世界，特别是在高三这样紧张的特殊时期，诱惑变得更难以抵制了。举个例子吧，熬夜到很晚的你在第二天早上不可避免地会有困意，在看似不重要的一节课上趴在书堆后面睡觉就变成了一件十分诱人的事情。这就需要我们学会控制和忍耐。在一节自己觉得不重要的课上睡了一觉，你可能不会错过什么知识点，看起来好像这一觉没什么代价，但这可能是你丧失自控力的一个开始。因为你不知不觉地放松了警惕，接受了诱惑，开始对自己的欲望妥协。我在面对类似的诱惑时总是对自己说："忍一下，高考完就好了。我不怕等这么几天。"这时我们要经常鼓励自己，告诉自己要忍耐，用内心的正能量抵制诱惑。

◆ 轻装上阵

在高三这一年，高考的压力令许多同学背上了沉重的心理负担。有的同学十分焦虑不安，甚至产生了抑郁倾向。在我看来，适度调节和放松是每个高三学生都应该学会的必备技能。我就比较擅长调整心态，每天上完晚自习回到家后，我没有紧紧张张地继续学习，而是听些自己喜欢的歌，边听歌边用热水泡脚。这既能消除身体的疲乏，也能缓解心情，保持好的精神状态。我喜欢听摇滚乐、朋克乐并随之摇摆，那强劲有力的节拍和振奋激昂的歌词能帮我宣泄负面情绪、释放压力。虽然在别人看来这就是浪费了半小时，但是我认为值得，毕竟"磨刀不误砍柴工"。到了周末，我也没有像周围的"学魔"一样泡图书馆。有我喜欢的足球俱乐部拜仁慕尼黑的比赛时，我会酣畅淋漓地看上一场；没有的时候，我会适当地睡个懒觉，缓解熬夜学习带来的疲惫。一个人就像一根弦或是一根皮筋，要张弛有度，一味紧绷而不适度放松只会让自己垮掉。

自我调节方式有很多，每个人的调节方式可能不同。对我而言，除了音乐外，运动也能起到很大调节作用。在体育课上，约上好友，带齐装备，在羽毛球场进行一场激烈的厮杀。厮杀完毕，朋友相视一笑，沐浴着清晨的风重新投入紧张的学习之中。你会发现运动后的自己精神焕发，活力充沛，手下速度也快了，做题正确率也高了。对我来说，运动确实有这样的作用。我们的晚自习中间有15分钟的休息时间，我一般都会在完成手头任务后，去操场上戴着耳机听着歌曲跑几圈。我喜欢感受夜间的凉风，喜欢看闪烁的繁星，喜欢跑步时一往直前的感觉。晚自习休息时间的跑步能驱散困意、振奋精神。

高三当然要刻苦学习，这是所有人的共识。但我一直认为备战高考并不能成为生活的全部，它只能是这一段时间我们生活的重心。重心和全部的差距还是很大的。在我的生活中，除了学习，音乐和运动是必不可少的。更何况它们对学习有积极作用。所以，我会分出一些时间给这两件事。当心态放松之后，学习效率往往会有很大的提升，学习效果也会更佳。

平时的刻苦学习和调整心态其实都是为了我们在考试时能发挥正常。有些人在考试前就担心考试失利，以至于在复习时不能全神贯注而影响效率。我的建议是：考试前的复习（不是突击）是非常关键的，它直接决定着成绩。如果复习充分、"肚里有货"，还会担心考不好吗？所以，解决焦虑的最好方法是立刻行动。考试时，一些同学害怕犯错，总想着每道题都要答到完美、超过别人，这个想法是不正常的，一山总比一山高。我们不能要

求自己比所有人好，我们应该想着要超越从前的自己。所以，考试时只要发挥出自己真实的水平，仔细认真、脚踏实地就够了，不要想太多。成绩出来后，一些同学会因为成绩不理想而心情低落，也有人会因为超常发挥而志得意满。这是人之常情，但长久地把自己沉浸在悲伤或是骄傲中就不对了。人要向前看，除了最后的高考，前面每一次的考试都是我们发现问题、解决问题的机会。失利说明问题多，超常说明考试前的状态较好、问题较少。有时，由于运气之类不可控的因素，超常会掩盖一些实际问题。我们要做的是分析试卷、找出问题、总结经验，带着收获，平静地开始下一段征程。高三时期学校会安排密集的考试，这可以让我们和老师随时发现问题，还能锻炼我们坚忍的意志，让我们做到"胜不骄，败不馁"，让我们学会"宠辱不惊"，最后能以一颗平常心面对高考。

姜还是老的辣

俗话说，"不听老人言，吃亏在眼前"。我们做一件事时不光需要实力、决心，还需要经验。一些经验得亲身经历后才能获得，一些经验要靠"前辈们"的分享。面对高考，我们需要老师、家长甚至学长们的经验。

以前我是一个有些畏惧与老师交流的学生，总怕自己提不出高水平的问题，也担心老师因为我的问题而觉得我水平不高。后来老师找我谈话使我打消了这样的顾虑，老师在了解学生共性问题的基础上需要通过交流来解决学生的个性问题。由于客观条件限制，如果我不主动找老师沟通，老师无法掌握我的情况，也就很难帮助我。老师的工作是"传道、授业、解惑"，我们不能只被动地接受知识和道义，更要积极地与老师交流，不光是为了

"解惑"，更是为了在交流中与老师的思维碰撞，形成新的火花。高三时的每次考试，我都会在总结完错误之后，拿着试卷和答题卡找老师分析，看看有什么自己没有发现的问题和漏洞。有时，我还能和老师聊聊自己最近的学习状态和心态变化，向老师寻求抑制浮躁或焦虑的方法。老师们由于教学经验丰富，总是能比我们自己更敏锐地发现存在的问题并提出有效的解决方案。有时，我还会主动与老师探讨时政热点，听听老师深层次的解读，从老师那里看到分析问题的不同角度和方式。

在学习上，我的母亲对我的帮助也很大。虽然辅导我的学业对她来说有难度，但她总会陪伴在我身边，为我排忧解难。母亲非常了解我，在我浮躁时，她总能在第一时间敲响警钟。而在我心情低落时，母亲的鼓励总是能起到最大的作用。高三这一年，我们难免因为巨大的压力而产生种种心理问题。出现这些问题后，我们要通过倾诉等途径将负面情绪发泄出来，放任不管只会使它愈演愈烈。虽然同龄人更能理解我们的困境，但由于经验不够，他们往往不能全面而理智地看待问题、解决问题。这时候我们就需要老师、家长等前辈更合理的疏导和更有效的帮助。

展望未来

谈到未来规划，我倒没有很明确的目标，毕竟变数还很大。但我会抓住在北大光华管理学院深造的好机会，利用这一广阔的平台提升自我。选择管理类专业一直是我的心愿，在实现了这个心愿后我就要向未知的前方行进了。即使路途会坎坷，我的步伐不会一直稳健，我会洒下汗水、泪水，但那又怎样，我存在，我奋斗，我前进，我为自己代言！

致高三学弟学妹的一封信

姓　　名：陈俊廷
录取院系：政府管理学院
毕业中学：深圳市宝安中学
获奖情况：全国高中学生化学素质和实验能力竞赛广东省二等奖
深圳市三好学生
深圳市第四届中学生模拟联合国大赛荣誉代表、杰出代表国、杰出立场文件
中央电视台"希望之星"英语风采大赛深圳赛区高中组二等奖
第十六届香港世界青少年"金紫荆花奖"音乐、舞蹈、器乐艺术大赛钢琴最高奖
第五届斯坦威全国青少年钢琴比赛华南区总决赛业余C组三等奖

> 每次整理新的错题时，看看前面同类的错题，想想这些题的解题思路有何共同之处，都有哪些典型的错因，日后运用这一思想方法时在思路的严密性和书写方面有什么需要注意之处，当初解题思路有哪些可以调整改进的地方。

高三学弟学妹们：

你们好！你们已经开始一场为期十个月的长跑。一般来说，大家都能走到终点，但是过程却很不相同。有人慢慢悠悠地踱步，只要有个结果而不在乎好坏；有人不断挑战自己，在泪水和汗水中收获一个更好的自我。我想说的是：你，是有选择的权利的。从现在开始，一点儿都不晚。从什么时候开始都不晚。

作为一个刚结束这场长跑的高中毕业生，我有一些话想对你们说。如果你愿意抽出时间来看看的话，希望我没有让你们失望。

我希望你们在学习和生活中学会四种方法和能力。

◇ 规划—执行—评价

学会规划，包括长期的和阶段性的规划。长期规划是对自己的定位：一年之后你希望自己在哪里？也许你对要选择的院校和专业不是那么明确，没有关系，大多数人都是这样。但是，你心里对自己的能力要有一个认识和定位,知道自己应该在怎样的高度和平台才是不辜负自己的天赋。

阶段性规划是指制定了长期规划后再将它分解成一个一个小的目标,落实到每个月、每个星期、每一天。比如说,三月份我要集中火力提高数学成绩。经过前几次考试的分析,涉及概念的组合式选择题失分较多,前三道大题的书写不规范容易失分,最后三道大题时间不够,经常我在没有理清思路的情况下就盲目下笔导致思路混乱,加剧紧张情绪,使得卷面不工整。

三月份的第一个星期,我每天额外挑五道涉及概念的选择题来练习。既然是有针对性的练习,就要总结具体的、适合自己思维方式的经验方法。第二个星期,我每天练习两道简单的大题,锻炼自己在短时间内简洁、工整书写的技巧。每次完成后和标准答案的书写过程比较,删去自己答案当中的冗余部分。第三和第四个星期,我每天练习一道压轴题,要求自己已有大致的完整思路才能动笔。不求完整书写,只需要在草稿纸上理顺思路,准确计算即可。《邓小平文选》中曾提到过这样一个道理:制定的规划应当是积极的,留有余地的,经过努力能达到的。在规划中要明确用什么手段达成目标,我们不妨借鉴。

在过去的 11 年中,我极其认真地听课、完成作业,成绩一直保持优秀。高三一开始我还是这样做的。但是在某些时候,比如升旗典礼上主持人说本周是第××周的时候,每个月的第一天,结束一轮复习的时候,开始用一本新的复习资料的时候,我会突然感到迷茫和恐慌。日子一天天地过去,我不清楚自己是否有进步。

因此,我建议大家制定阶段性规划,本着总分最大化的原则重点关注自己比较薄弱、最有提升潜力的地方。成绩和排名当然会有波动,但是所有科目当中一定有你感觉上课和做题没那么得

心应手的,或者你之前分配的学习时间比较少的,找到自己的最大增分点。在各个科目内部,也要有计划地给自己安排任务,可根据教学进度或自己的实际情况安排。例如,这周语文老师开始复习拼音,由于我的字音基础一向比较扎实,我只要固定抽出时间记忆即可。我要重点关注失分较多的论述文阅读,借助复习资料总结常考题型和相应的答题技巧(可根据具体题型或者常见错因来安排任务)。这样,每天、每周有明确的目标和任务,你会学得更加有方向感,也更容易看到自己在某一方面的进步,给自己信心坚持下去。

制订了合理的计划之后,我们要有较强的执行力去贯彻落实。额外计划是对自己的更高要求,但是跟上老师复习的节奏也是必需的。每天及时巩固课堂内容必不可少。复习环节课堂信息量大,一定要当天落实好,同时有计划地滚动复习之前讲过的知识点。我倾向于在做操时、走路回家时、吃饭时(此时脑子不需要太多思考)回顾当天课堂复习的知识结构、具体知识点、解题方法等重点内容。当然,有人愿意此时放松大脑,另外抽时间来完成当天复习,这需要视个人情况而定。但是,你必须为自己的额外计划挤出时间来,通过你能想到的所有方法来落实。

如何有效分配时间是整个高三阶段我们面临的重大课题。思路无非有二:一是想想你还有哪些时间没有利用起来(早晚间、课间等),二是在不增加学习时间的情况下提高效率,以此挤出一些时间分配给自己的额外计划。那么如何提高效率呢?如何找到合适的方法并且全身心地投入其中?有时候,你需要做出一些选择。比如说,今天英语作业是做阅读练习题和阅读英语报纸,这两项作业训练的能力是同样的,而我又比较擅长英语,阅读能力比较强,那我就可以选择两篇比较难的阅读题练习即可(根据练习标注的难度或者询问老师哪些资料更加值得练习)。

最后，别忘了同样重要的评价环节，客观地评价任务完成情况，总结经验教训，据此制订、修改下一阶段的计划。如果完成得很好，看到了自己的明显进步，总结一下自己在制订具体计划、分配时间或者提高效率方面有哪些做得好的地方，下次借鉴。如果有任务没有完成，要找出是哪个环节出了问题，剩余部分是舍弃还是加入下一阶段的计划当中。

归纳总结

前面提到的评价计划完成状况也算是归纳总结的一种形式吧，当然这个技能还可以广泛应用。

在具体学习某一门学科的时候，要对重点内容或者自己掌握得不太扎实的内容进行多角度梳理归纳。比如，学习国共十年对峙时期的史实时，可以用共产党在理论和实践方面走向成熟、国共关系的演变等线索自行梳理，在回忆史实的时候要能说明史实与线索之间的关系，以此加深理解。比如说梳理一个重要年代，写出在政治、经济、文化领域，国内国际发生的重大历史事件。接着，你会开始思考它们之间千丝万缕的内在联系。再举个例子，梳理英国君主立宪制的建立时，肯定少不了资产阶级革命的背景和影响，根本原因便是封建主义阻碍了资本主义的发展。既然如此，革命推翻了封建统治，必然能促进资本主义的发展。背景或原因和影响之间不是遥相呼应的吗？这样会不会更加便于记忆呢？

总的来说，归纳总结有助于加深对重点知识的理解，有助于把握知识之间的内在联系和知识结构。对知识结构的理解非常重要，建构起完整的知识体系，有助于串联孤立的知识点，理解知识点在整个知识网络中的位置及与其他知识的联系，便于记忆和全面理解。我们可以有意识地关注教材的目录、导言、单元导语、课文导语、课文正文的开头和结尾，了解教材编写者的总体思路，勾勒教材线索。所谓"纲举目张"即是如此。

在做错题本的时候，为了更好地归纳总结，不妨尝试对错题进行分类。例如，准备数学错题本，我按照数学思想、常见题型和知识版块进行分类。每次整理新的错题时，看看前面同类的错题，想想这些题的解题思路有何共同之处，都有哪些典型的错因，日后运用这一思想方法时在思路的严密性和书写方面有什么需要注意之处，当初解题思路有哪些可以调整改进的地方。有时候甚至一道好题也值得花时间总结，并不仅止步于"老师讲完了，我也听懂了"的状态。首先，课下回顾老师解题的思路，然后对比自己的思路，在心里给自己提问：两种思路何处不同？都有依据吗？哪种方式更好想、更简便、更好操作？我没做出来是在哪个环节卡壳？老师是如何突破的？能推而广之归类成一种题型吗？之前是否有类似题型？（若想起可拿出来比较思考一番）下次碰到类似题型我应该如何入手分析？应该注意哪些问题？

分析试卷也要用到归纳总结这一方法。这次错因主要有哪些？错的都是同一类型的题吗？如果重新把错题做一遍，再认真研究标准答案，是否能找到答案生成的依据？再扩展一下，做这类题型时应注意什么，如何避免失分？后期每次大考我都会记录考场心得，经历了哪种突发状况（如前面的题目太难，拖延了太久的时间怎么办）？下次我应该怎样处理？非智力因素失分情况怎样？答题技巧哪些没有掌握？然后在下次考试前看一看，提醒自己。

个人认为，归纳总结的能力是非常重要的，可以避免盲目在题海中奋战，助你找到一条高效、科学的前进道路。

发现问题—解决问题

要能发现问题,首先要保持一颗谦逊的心,知道自己还有很多不足,渴望不断改进,完善自我。无论你现在有多优秀,你总是可以做得更好,还有可以改进的地方。从归纳总结、观察和自省中发现自己的不足,然后找到有针对性的、可操作性的解决问题的办法。什么叫作可操作性呢?比如改进粗心这一问题,如果你总是和自己说不要粗心、要细心,这是没有太大作用的。因为在做题时,我们都全神贯注,哪能再记得同时给自己心理暗示呢?但是经常运算出错的我可以告诉自己,审完题进入计算环节的时候,要慢下来,算完之后再检查一遍。这就是具体的可以操作的方法。又比如,我时常犯一些有共性的低级错误,错题本上专门设置一个版块叫作"常错常新",用来记录类似错误。考前我会多看几眼,特别提醒自己。再比如,我经常读题太快,没看清题目就下笔。最后,我要求自己在读题时心里默念出声(用历史老师的话说,读题模式要从扫描式变成打印机式)。还有,在看地图的时候,我经常忽略方向。所以,我干脆利用每次正式考试前发卷之后的五分钟专门看地图,尤其注意地图三要素。

要敢于探寻自己的心理,发现自己的思维错误。比方说,我喜欢归纳总结,这也有局限性,导致我遇到题目总希望归类进我已有的思维体系之中,套用曾经总结过的方法和思路,却往往忘记了题目的具体情境,没有找到最便捷的解题方法,甚至陷入惯性思维中无法跳出来。因此,后来我一直根据"普遍性与特殊性相连结"的原理,在分析了题目的通法之后,停下来再审视一遍条件,看看有无特殊条件能简化解题步骤。

不断发现自己的不足,采取可操作性办法解决问题,完善自我。这不仅是高三年级的我们需要的一套机制,其背后谦逊积极的心态会对我们日后的人生道路助益颇多。

◇ 及时调整心态，尽量保持平和

得意之时，将取得的成就和别人的赞美先储存起来，留待失意之时再取出回味，为自己增添信心和动力。失意之时，别一味沉浸在悲伤之中，埋怨不公与不幸，"为什么我付出的努力没有回报？"发泄是需要的，向朋友、老师、父母倾诉，做一些能让自己心情舒缓平静的事情，比如做些运动，都是可以的。没有什么过不去的坎，不要把自己封闭起来，拒绝外界。

这场长跑是场耐力赛，要学会为自己加油。要懂得适当的自我激励，学会积极的自我暗示。考试时做错了题，我们应该庆幸还好这不是高考，还好这次考试考到了自己的薄弱环节。发现了自己的弱点，拼命补上，下次考到时我就不会再栽跟头了。这么来看，我比考得好的同学要赚得多。哪怕是今天错的题比昨天少一道，也要给自己一个微笑，对自己说："你看，今天的我比昨天的我更好一点！"相信种子，相信岁月，相信今天的自己会比昨天更好一点，一点点就够了。

保持平和谦逊，你会从身边优秀的同学身上学到更多。我们班的同学在后期经常会互相借答题卡学习答题格式与规范表达。没有考好，当然会沮丧低落，当老师表扬其他同学时自己心里也不是滋味，但就是这股不服输的精神让我想看看，别人到底比我强在哪里。因此，我总是借同学的答题卡仔细研究，甚至包括怎样书写才能让卷面看起来工整舒服。沉下心来研究别人的答题卡后，我总是被同学缜密的思维折服，心中的怨言也消散了，变成衷心的钦佩与敬重，我为能与这样的同学同班学习而感到骄傲。见识了别人的优秀之后，我心悦诚服，平心静气地开始下一阶段

的努力。虽然未必能赶上,但是看着前方的背影,脚下的步伐也迈得更加坚实有力。班主任总对我们说:"当你们专注于谁是班上第一的时候,要想到,你不仅是在跟班上的、学校里的同学竞争,你是在和全省的同学竞争。我们班的同学应该团结互助,一起进步,共同成长。"

高考是人生中很重要的转折点,但它绝对不是唯一一个,只因为它是第一个,所以我们格外地想把这一步走好。冯友兰先生在《中国哲学简史》中说过,我们的活动,要取得成功,还需要一些外在条件的配合,但这些配合在我们能控制的范围之外。所以我们能够做的,就是一心一意地尽力去做我们应该做的事情,不计成败。这就叫作知命。知命是承认世界本来存在的必然性而对成败无所萦怀。在某种意义上,我们永不失败。即使是由于一些外在因素,比如说恰好生病,题目不适合自己等,高考并未取得令人满意的成绩,但是高中三年所学习到的知识,收获的情谊依然存在,不因高考成败而被抹杀。若站在一个更高的视角来看,一次小小的失败对于长长的人生来说,未必不是一件好事。

学弟学妹们,如果我说的这些能给你们一点点学习方法上的启迪,或者是一些前进的动力,我将会感到万分欣慰。纸短情长,道不尽我真诚的祝福。你们,会走得更远,活得更精彩。

我相信这一点。也请你们,要相信自己。

回忆往昔峥嵘岁月

姓　　名：程　振
录取院系：化学与分子工程学院
毕业中学：山西省长治市第二中学
获奖情况：2013年度山西省三好学生
第30届全国中学生物理竞赛二等奖
第30届全国中学生物理竞赛（省级赛区）一等奖
第27届高中学生化学竞赛三等奖，省级赛区二等奖
2013年全国高中数学联赛三等奖
第二十四届希望杯数学邀请赛三等奖
第十五届全国中小学生素质教育英语知识能力竞赛二等奖

> 很多人实行题海战术的效果却微乎其微,一方面可能只是在做题却没有归纳总结,单纯地做题只会让努力的效果不能充分发挥;另一方面则是做题过程中没能真正提升自己的基础能力。

经历了"残酷"的高考,我平稳地进入了北京大学。前方未知的挑战正张开双臂等着我,我也像只小鸟似的,急不可耐地扇动着稚嫩的翅膀扑腾扑腾地想扑过去,想一头扎进那未知的世界里去一探究竟。但开学的时间毕竟还未到,再欢腾的内心也无法释放那份激情,只能将它攒下,投入到那些切合实际又有意义的事情中。此时,我便重温我高中三年的那些难忘的日日夜夜,希望其中一些东西能给大家带来些启发,我就十分欣慰了。

确立目标,不懈努力

我的"北大梦"是我们高中班主任甄老师点引出来的,在此之前我都只有一个朦胧的概念,并没有明确的方向。在高一期中考试后,甄老师把我和另一个同学叫出来谈话,开门见山地问我们的理想学府是哪里,我们都说不知道。甄老师顿时严肃地告诉我们:"你们要考虑北大、清华。人应当有恰当的目标,有了目标才会有前进的方向与动力,否则迟早会步入迷途无所适从。"从那以后,我就将目标定在了北京大学,并开始为之努力。"北大梦"是一个遥远的梦，甚至一开始就是决定了孤独的梦。长夜漫漫，只有前方的北大与我相伴，这条路上同行者很少，有时甚至连自己都必须超越，将过去的自己抛在脑后。但是既然选择了远方，就只顾风雨兼程。

"北大梦"只是一个大目标、一个大方向，所以我在高中阶段当然还有阶段性的目标。学如逆水行舟，不进则退。阶段性目标就是为了一步步去接近自己的梦想。我在高三刚开始的时候就制订了这样一个长远的目标，由于高二的时候自己考得不理想，所以我高三的计划是每次考试提高10分，前两次都很成功地恰好达到目标，但是第三次考试前由于我参加实名推荐，在学习上的重心与前期不同，所以考试结果不理想。我当时觉得不用调整目标，直接提升20分跟上以前的进度安排就可以了，但是我错了，目标与学习情况不相符，后来就直接导致了我进入低谷期。所以，阶段性目标的确立一定要实际，也要适时调整，这样才会得到与努力相对应的效果。

兴趣是学习的最大动力

高中课程，说难不难、说苦不苦，重要的是你看待它们的态度。如果你以一种充满兴趣的眼光去看待它们，它们就会以一张可爱的笑脸来面对你。我在刚上高中的时候就尝试着对所有科目都抱以兴趣去学习，很高兴我成功了，就连初中曾视为考试大敌的地理、生物居然也变得可爱了。但是后来由于文理分科，对部分科目的过分重视，这种兴趣逐渐消失，甚至连找回也变得无比困难，更多的时候成为一种机械化的学习。现在想起来当时协调好全部功课的情景，也总是觉得不可思议，只是那种感觉再也找不回来了。也许兴趣就是有这么大的力量，当你真心投入，外物的羁绊也会消失，甚至连思考也会加速吧！但如果以一种强迫式的想法去对待每门课程，结果可能是相反的。一般对于一些必须完成的任务，心中难免会有一丝不快，而当任务量再大一些，这些不快也会变大，久而久之，就会产生对任务的抵触心理。以兴趣为动力，少一些功利，时常以自己学习到的知识为优先，少考虑考试的结果，在不知不觉中每天都会有进步，积少成多，最终的结果不可估量。

机会是自己创造的

我是通过"校长推荐制"进入北京大学的，所经历的选拔过程既复杂又严格。在校内推荐时就会经历学校内部的严格的选拔，后面还会有北大的一系列测试。当然每个学校的推荐选拔方式不同，其过程自然不一样。像我的学校采用的是根据学习与竞赛成绩确定候选人、演讲、答辩、笔试四个环节来产生推荐者的方式。每一个环节都存在机会，都需要自己尽力争取。尤其第一个环节，就是参照了从高中开学阶段到推荐时为止的所有成绩，所以这个机会就是自己不断在每次考试中的积累所创造出来的。至于后面的环节与笔试，就更是自己创造机会，然后把握机会了。在我们学校有位同学的物理、数学成绩很优秀，在今年的物理竞赛中拿到了全国一等奖。这一次他为自己创造了机会，今年北京大学的自主招生学校推荐他去参加，虽然最后很可惜他落选了，但是他已经为自己创造了一次宝贵的机会。创造机会，把握机会，这都需要自己的努力与奋斗。所以，我们绝不能松懈一天，更不能肆意放纵一个时期，应抵制诱惑，做每个时期要做的事，为未来创造机会，让自己能把握住机会。

低谷期要学会慢慢爬起来

每个人都会有低谷，所谓破后而立，就是说每个人都在波动曲折中前进，低谷只是为了下一次高峰做准备。但是，有时候低谷期会持续很长时间，给人造成很大的心理落差，也会对身心造成长时间的负面影响。所以，我们在低谷期就更要学会调节自己。我在高三后半学期就曾跌入低谷，成绩一直不理想，直到高考前才逐渐从低谷爬起来。低谷期需要做好两件事：一件是心态调节，另一件则是坚持。

由于我自己的性格特点，我给自己的压力比较大，希望自己在每次练考中都能独领风骚，但是事与愿违，过分地关注成绩反而会起到反作用，这就像手中的沙子，手攥得越紧，沙子留下的就越少。我们处于低谷期时首先就要学会放松自己，忘掉过去的荣光，接纳现在的自己，从现在的低起点出发，做自己该做的事，去弥补自己的不足逐渐提升。当我们仅专注于事情本身的时候，我们会忽视其他很多不重要的事物，放下对过去与未来无谓的关注与担心，做自己该做的事，厚积薄发，最终度过低谷期走向下一个高峰。

同样，在低谷期重要的一点还有坚持。要坚持，就必须有足够强大的信念。我在低谷期时常鼓励自己坚持努力，相信自己的能力，就这样慢慢前进，逐步走出低谷。要坚持，就必须有足够的觉悟。孟子与梁惠王说的那个"请以战喻"中有这么一句："以五十步笑百步，则何如？"一件事情大家都没有完成，但是你只比别人稍多做一些，结果是不会有太大差距的。正如逃跑五十步的人，再逃跑得少他也是逃跑了。而我们未完成好任务，那么即使做得再多，也是没有完成。因而，低谷期能相互比较的人只有自己，把自己要做的事情都做好，自然会有收获。低谷期要经常与老师、家长和朋友们进行谈心交流,得到他们的安慰、鼓励与支持,得到积极向上的正能量,他们就像暗夜中的一盏灯,照亮我们前进的方向。

讲求有效率的学习

聪明在于积累,天才在于勤奋。学习固然在于努力,但努力之外必须要注重效率。漫无目的的努力只会让大多心血白白浪费,注重效率的努力才会使回报尽可能大。

学习要专注,专注能将学习的时间真正用在实处,专注能使学习的效果得以最大地体现。当年,毛主席在闹市读书不正是一种专注的品格吗?只有专注,才能将事情完成得完美,如果三心二意,又怎么能把一件事做得满意呢?

我自己不是极有天分的学生,所以我选择笨鸟先飞,不断努力,追求一种有效率的学习。我一向是该干什么事情就干什么事情,该睡时睡,该学时学,该活动时活动。这样可以保持一个良好的生活状态和学习习惯,同时保证了一个良好的学习效率。

老师经常提到有效学习时间,指的是学习状态好、效率高的时间段,我们应当将其用于难度较大、思维性较强的学科中去,而剩下的时间则是安排学习一些相对轻松的学科。合理安排时间所产生的学习效果自然会高些。

同时,学习效率还与事情处理的顺序相关。一般来讲,我们应先做重要且紧急的事,再做重要但不紧急的事,然后是紧急但不重要的事,最后是不紧急也不重要的事。比如,一个人面前有两件事,一件是整理书桌创造良好的学习环境,另一件是完成紧急的数学作业。很多人可能会选择先做第二项,但是现实中也有很多人会选择先做第一项,而我有时也因为先做了第一项工作而对第二项工作有所拖延，被老师批评。以小见大，一个过分关注细枝末节的人常被细枝末节所累，无法专心学习，学习效率相对就会打折扣。

学习就是在不断锻炼自己的基础能力

学习不只是为了学习课本与补充的知识，同时也在锻炼自己的基础能力。正如以前诸子百家的弟子，他们学习时不仅仅是在学习知识，更多的时候是在培养自己，加强自身修养。高中学习也是我们生活的一部分，自然也是在锻炼我们的基础能力。很多时候，除了知识，基础能力也对学习起着重要的作用。很多人实行题海战术的效果微乎其微，一方面可能因为只是在做题而没有归纳总结，另一方面则是因为做题过程中没有真正提升自己的基础能力。这些基础能力很多都是在我们小的时候一点一点培养起来的，比如逻辑思维能力、阅读理解能力、思维严谨性、思维创新性等，这些能力随着我们的成长，不断在学习生活中增强，默默地影响着我们的生活。

我在高三阶段每天坚持练习乒乓球，有时不是和人对打，而是把台子拖到墙边和墙打。墙比人更机械，所以实际上就是在和自己对打，我就这样尝试着锻炼自己的技术，锻炼自己的毅力、耐力等意志品质。当然如此不合情理，甚至有些疯狂的举动必然饱受议论，而我的心理承受力也不断得到锻炼。既然选择了自己的道路，就踏实地走自己的路，让别人说去吧！学习上也是这样，我们学习就是不断在培养我们的基础能力。有些人经常说想不出思路来，一般这都是由于自己的逻辑思维能力不足，学习知识与练习就是为了锻炼这些能力。如果对这方面的能力加以注重，不断锻炼，不断提升，不断坚持，最终会有想出思路的一天。

高中生活会遇到很多问题，这些问题的解决就是在锻炼自己的基础能力。有人说自己不够专心，那就只能想办法去锻炼，至于办法就得自己去思考、实践、反思、调整，最终解决问题。我在学习阶段一直没有自己的错题本，我认为自己没有那个能力坚持，同时我也认为错题本在一定程度上是对时间和努力的浪费，收益与付出不成正比。后来自己在数学上遇到了瓶颈，就思考了一种类似错题本的办法去实践，对我而言效果很好。数学题一般短小精干，题干清晰，思路明了，答案确定，所以我就找来一些小纸片，把一些我认为有价值的题目写在正面，背面写思路或答案，把这些零碎的纸片收集到一个袋子里，坚持去做，久而久之就有了自己的"好题集"。在复习的时候重新翻出来做，重温一些不常见的思路，回忆起一些实用的方法，也能注意到自己以前经常犯下的一些错误。老师以前也给出过好题型，大致分为三类：思路不常见的题目，运算复杂的题目，经常错的题目。

好题集就是我不断思考最终运用于实践去解决自己的问题的一个例子。就像叶圣陶先生在《作文论》中提到的一样：我们针对问题不断思考、实践、反思，积累经验，解决问题，最终充实我们的生活，并作为素材运用到作文中去。我想学习生活也是这样，面对问题，解决问题，培养自己的能力，最终再投入到解决问题中，不断循环，我们的基础能力也就不断提升。

时光荏苒，转瞬已是三年；光阴似箭，大学已在眼前。高中三年，既充实又美好，既痛苦又令人欣慰，既坎坷又充满希望，过去的也都是美好的回忆，永藏心底。这里我回忆了自己的高中生活，回忆了自己的一些学习经验、生活经验，回忆了老师的一些教学理念，希望我的回忆能给所有有梦的同学带来一些启示。祝愿那些有梦想的同学们可以通过自己的努力实现自己的大学梦想，开启自己绚烂的人生新篇章。

暑期杂忆

姓　　名：何梦云
录取院系：物理学院
毕业中学：云南师范大学附属中学

> 我记得当时自己拎着个小袋子,站在外围,越过前排的同学,瞟见光荣榜上居然是我的名字。没有狂喜、没有尖叫,我只是在心底默默地对自己说:"看吧,没有什么不可能!"

不知不觉,2014 年的高考已过去两个多月,世界杯的赛事也早已尘埃落定。望着院子里陆陆续续多起来的背起书包迈入学堂的孩童们,我突然意识到就是在这个美妙的夏天,我已与十二年的中小学求学生涯挥手告别,而迎接我的,是更加神圣的大学殿堂,是充满挑战和惊喜的大学生活。回首十二年的青葱岁月,有所得也有所失。我把生命中最为单纯,最富于想象力的时光用于学习科学文化知识,十二年后,我成长为一个有理想、有道德、有文化、有纪律的青年,一个在将来对国家和社会能有所贡献的人。与此同时,我想分享一些个人的学习经历和感悟,希望对仍在追梦途中苦苦求索的学弟学妹们有所启发和帮助。

坦白地说,从小到大,我从不认为自己是所谓的"天才"或"学霸",也极少得到众星捧月般的赞美,因为在我的周围,总有一些"大神"们存在。他们总是才思泉涌,机敏过人,尤其是在我从一所普普通通的小学考入号称云南省最"牛"的初中后,一下子发现怎么身边的同学都那么多才多艺,那么聪明伶俐!为此,我曾感到极其沮丧和自卑。我的父亲安慰我说:"就做平凡的自己吧!"我也觉得还是别和别人比,就做好自己吧。于是,我主动地调整了自己的作息时间,以争取每天能有更多的时间来学

习。同时，我要求自己像其他同学一样上课时认真地做笔记，勇敢地向老师和同学请教自己不懂的地方。渐渐地，我发现自己并不是比我的同学们笨，而是疏于练习。在找到自己的症结所在后，我对症下药，也就事半功倍了。即便如此，我的成绩在初中时期一直不算突出。在初三那关键的一年，我发疯似的到处补课。中考的科目一共六门，我除化学外全都在校外参加了补课班。终于，我的成绩又有了点儿起色，最终以年级排名前10%的成绩考入了理想的高中。这样的成绩和高考考入北大比完全算不了什么，每当我回忆起这段令我终生难忘的时光时，更多的是无助、无奈。但它所给予我的是一个良好的心态和对激烈竞争的适应能力。从中，有我想提的第一条建议：认识自己，接纳自己，做最好的自己。认识自己尤为重要，只有准确地给自己定位后才能为自己确立恰当的目标，从而突破自我。抛开他人文过饰非的溢美之言，静静地分析：自己成绩不如意是因为粗心，还是因为题目确实超过了自己的能力范围。若是前者，那就想办法夯实基础，争取同样的错误不犯第二次；若是后者，也坦然地接纳自己，不过目标就别再追随他人定得那么高，毕竟适合自己的才是最好的，那些望尘莫及的目标不仅是累赘，还会严重打击个人的信心。所以无论如何，要全面且透彻地综合分析自我的智力水平、身体素质、学习能力等，接受并努力做好自己，你便是最棒的。归根结底，我还是应当感谢我的初中时光。它让我积蓄了潜力，为之后的厚积薄发打下了基础。

正如我先前所说的，我幸运地进入了理想的高中，随之而来的是更残酷的竞争。虽然我早有心理准备，但入学后的摸底考试还是险些让我乱了阵脚。当我得知在全年级1200名的学生中我排在第401名时，犹如晴天霹雳。雪上加霜的是，我发现考试时我竟有一面物理试卷没做，我自责极了。但我没想到的是，正是这次考试激发了我前所未有的潜力。因为老师每天都会夸奖当时的班级第一名，况且我也只知道她的成绩，便把她当作目标拼命追赶。也许是高中的教育模式更适合我吧，我居然在之后的期中考试中考出了年级第七名的好成绩，我和父母都惊呆了。对于我的突然爆发，认识我的人有不同的解释，可我个人的感受是我遇到了更优秀的老师，我感觉自己的确是把知识学懂了，并且在学习中找到了乐趣。这之后的学习我也就如鱼得水了。由于有了初中的经验，我更加懂得如何安排自己的时间，便在学习之余参加了一些活动，结交了新朋友，还开拓了眼界。我的各次大考成绩一直比较稳定，甚至在高二上学期期末还考了年级第一名。我记得当时自己拎着个小袋子，站在外围，越过前排的同学，瞟见光荣榜上居然是我的名字。没有狂喜，没有尖叫，我只是在心底默默地对自己说："看吧，没有什么不可能！"那一句话始终铭记于我的脑海中，并且我也越来越相信自己了。之后，无论是遇到再重要的考试，被寄予了再多的希望，背负着再大的压力，我都只是镇定地告诉自己一声："没有什么不可能！"当我再次取得傲人成绩后，我也只是对自己说一句："你曾经也不过那么的卑微。"我记住了巴西球迷送给他们球队的一句话："这总会过去。"多么有智慧的一句话啊！的确，当你输得一塌糊涂的时候，你应当记住：这总会过去。骄傲是成功开出的花朵，却结出失败的果实。一个人，只有学会了宠辱不惊，才不会为外界左右，内心才能平静，路也才能走得更长久。我从自己高中的经历中总结出一点：要有良好的心态。或许你前后50名的同学和你实力大体相当，可发挥却千差万别。抛开那些客观因素，最大的主观因素就是心理素质。如果你太在意成绩却不付诸实践，结果难免差强人意。许多考试失常的同学不是输给了对手，而正是输给了自己。我用诸葛亮的一句话与同学们共勉：非淡泊无以明志，非宁静无以致远。

我用自身的经历谈了自我认识及培养良好心理素质的重要性。当然，还有许多其他因素对学习提升也同样重要。

我想首先应该是有个好身体。有人举过例子，称我们的身体是"1"，而各种成绩就是"0"。只有有了"1"，后面添上"0"才能使数字变大；否则，再多的"0"攒在一起也还是"0"。这个比喻恰如其分地说明了有个好身体有多关键。不用多说，牺牲身体健康来追求学习进步的做法无异于忘本逐末。学习之余，我们可以进行各项运动。比如在较长的课间做广播体操或是跑步，在体育课上打乒乓球，和同学们一起玩游戏，等等。我还每天坚持走单程30分钟的路程上下学，另外，骑自行车也是个不错的选择。作息时间无论怎样安排，尽量都要满足每日七八个小时的睡眠时间，周末偶尔睡会儿懒觉调剂一下也无妨，说不定你会发现睡足觉后学习效率也跟着提高了呢。至于饮食，我建议早餐一定要吃得有营养，毕竟是离上一顿晚餐隔了12个小时呀。其余，尽量吃清淡的食物吧！

找到一件自己感兴趣的事并把它坚持做下去也可以为我们的学习生活增添光彩。都说"兴趣是最好的老师"，这话一点儿都不假。有了兴趣，便有了动力，这样再多的艰辛我们都只是把它看作一点儿挑战罢了。幸运的同学会对某一学科产生极大的兴趣，那再好不过了。能把学习和快乐结合起来，真是一件令人开心的事。做你喜欢的事的同时也在不断学习，不乏动力且一举两得。不过应当注意的是，不要过于关心你所喜爱学科的考试成绩，因为一两次偶尔考砸了是正常的，千万别影响了你的兴趣和信心。坚持下去，你一定能在这方面有所成就。当然，如果你的兴趣是画国画、弹钢琴或是踢足球，那也是极好的。无论是艺术、音乐还是体育，都是枯燥生活的润滑剂。找一样你喜欢或擅长的爱好，坚持做下去，你会发现学习以外的世界别有洞天，学习以外的世界多姿多彩。若是你对什么都没兴趣，那也没关系，因为兴趣是可以培养的，把你擅长的事再精益求精一下，你是不是有一种痛快淋漓的感觉呢？再不行就抽点儿时间去楼下小区或公园逛逛吧。听听音乐、看场电影也不错，但千万要学会克制自己。劳逸结合是我认为最理想的学习方法，适当放松可以提高学习效率，同时让你对学习保持长久的热情。

除此以外，我们还应当注重勤学和思考的结合。"勤奋"是成功大门的敲门砖，是通往成功的不二法门。科学家富兰克林把勤奋列为自己性格塑造的目标之一，爱迪生也曾说过：天才就是百分之一的灵感加上百分之九十九的汗水。如此出色的人物都要经过汗水的洗礼才能戴上象征荣誉的桂冠，更何况你我这样的普通人呢？孔子还教导我们："学而不思则罔，思而不学则殆。"可见，光勤奋还不够，还要勤于思考。"真正自由的思维是创新的源泉"，我们应不仅知其然，还应知其所以然。既勤学，又勤思，这才是对待学习最可取的态度。

课前预习，课堂上认真听讲并做笔记，课后复习和反思，这是我们所熟知的最高效的学习方法。同时，我们要学会利用身边的学习资源。不懂的问题可以向老师、同学请教，也可以上网搜索，去图书馆查资料。总之，条条大路通罗马。读透课本是最基础的。应该说课本是我们最好的参考书，认真揣摩书中的每一句话、每一个定义、每一道习题，这比题山题海管用多了，并且每次读课本都会带给我们新的发现、新的感悟。

以上学习方法是我认为最具借鉴意义的，希望能和学弟学妹们共勉。

脚踏实地　追逐梦想
——高中学习心得小结

姓　　名：陈　炜
录取院系：外国语学院
毕业中学：河北省石家庄外国语学校

> 发展强项并不意味着要舍弃对其他科目（或者说是其他领域）的学习，而恰恰是在保证其他科目不被丢下的基础上，凭借兴趣进行发展。高中学习的内容基础而广泛，与现实生活联系紧密，各科目设置不仅锻炼了我们的各种思维能力，教给了我们解决现实问题的基本方法，也蕴含了当代青年所必须具备的科学文化和思想道德素养。

从保送考试结束到现在，转眼已有7个月的时光，而去年冬天在燕园的那场保送考试，至今仍在我的记忆里保持着一份新鲜。能作为学校的保送生参加北大的保送考试已是万幸，而在几轮考试后最终被录取，至今想来，我都觉得是自己人生中不可思议的意外收获。

关于规划和心态

说实话，我并不曾在高一、高二将保送写入自己的规划，事实上，我也没有给自己设定一个明确的发展路线。到了高三，学校要分保送班，我这才权衡再三，做出选择。对于北大，我的态度更是全然仰慕，虽说和很多人一样自幼向往，却从未想过有朝一日能成为北大学生中的一员。

有的同学喜欢大谈人生理想，动辄夸口自己的光明前途，而我却更欣赏身边另一部分人——他们看似沉默寡言，却在不断地

用实际行动证明自己的存在,追求自己的梦想。我的经历也告诉自己,做好眼前的事情,未来的发展便水到渠成。

我并不反对给自己制订长远规划,但不能太过刻板,原因有以下几点:

首先,未来有太多变数,这其中很多是不可预见、难以防备的,从外部环境到自身心境,很难说会在一两年中发生怎样的变化。倘若你的规划恰好能够按部就班地顺利进行,那自然是好;但倘若其中有些许差池,或是自己心态上发生了变化,便不容易正确看待这些实属情理之中的状况。此时,再改变方向,重新准备,很可能会为时已晚,或者搞得自己手忙脚乱,影响效果。所以,应当把更多精力投入到日常各科的学习中,以及课外阅读、社会实践等。只有踏踏实实地努力学习才能提高个人素质,而且牢固掌握这些基础学科的知识和一些社会生活的必备技能,对于今后任何一种选择的意义都非同小可。

其次,没有刻板的路线规划,不代表没有最终的目标(即努力的方向),因而不会失去自己前进的动力。一个较好的学习状态,不应该是争强好胜、急功近利的。不好高骛远,便不会沉浸于虚无缥缈的未来憧憬中;不担心畏惧,便不用困惑于自己为日后提出的种种假设。然而我们却要时刻提醒自己,日常学习生活中所做的点点滴滴都应该使自己问心无愧,即要去成为一个令自己满意,于他人、社会有益的人。大家可以常以此为标准衡量自己所做的每一个选择、所走的每一步路。我们可能做不到古代圣贤的每日三省,却也要学着遇事多反省自身。反省的内容可以是学习的思路方法,也可以是待人接物的举止言谈等。这样我们才能及时纠正自己存在的问题,从而达到提高能力、加强修养甚至改善心态的目的。

最后,除了天资,学习更需要的是我们勤奋不懈的努力,来不得半点投机取巧之心。在如今这个多元化的社会中，机遇对于我们每个人的成长固然重要，但面对机遇，我们一定要有所准备。这种准备越全面、越充分，我们把握住机遇、充分利用机遇的可能性就越大。很多人看到个例就觉得一条通往成功的捷径诞生了，这不免是有些主观的。比如，有个同学在参加英语比赛时被一位大学教授赏识，该同学又很擅长与人交际，赛后与该教授保持联系，不仅获得了教授给予的保送推荐信，而且去学校面试时又恰巧赶上故人重逢，最后被该所大学理想的专业录取。有的同学会觉得这位同学被录取的关键在于参加英语比赛和教授的知遇之恩，但仔细想想，这其中显然是夸大了许多运气（许多人把它错当成机遇）的成分，而忽略了这位同学自身的艰苦努力。而且，教授赏识的原因可能多种多样，不一定只是英语口语卓尔不群，也可能是文化底蕴深厚，逻辑思维缜密或是言谈举止透露出的过人修养。所以，如果你看完这样的例子，一股脑地偏重英语学习显然也是不可取的。在此重新表明我对于应对各种机遇的观点：一是功夫要下在平时，属于你的机遇自然会到来；二是保持全面发展，至少是不可偏废才是较为明智的做法。

总而言之，就是要本着一颗平常心，淡然之中，不断反省，不断改变，只求凡事用心思考，踏踏实实做好此时此刻的自己，不必为昨日的烦恼忧愁，也无须为明天的未知迷茫。

关于学习方法

有了心无旁骛、踏实进取的心态，下面就该思考具体的学习方法了。世界上没有最好的方法，只有相对适合自己的方法。具体到学习上也不例外，盲目跟风造成邯郸学步自然是要不得的，而闭目塞听、自以为是同样很危险。我们要做的事情无非是鲁迅先生所说的"拿来主义"。

下面，我也来说一说我自己在学习方法上的一些心得体会，其中大部分都是我在借鉴其他同学的学习方法的基础上，参考父母、老师的建议，也经过自己独立思考和反复实践得出的，希望对大家的学习有所裨益。

1. 保持良好的作息习惯，找到自己学习各科的"黄金时间段"

良好的作息，对于不同同学的意义不尽相同，但衡量的标准却只有一个，就是它能够保证你在白天的充沛精力和学习效率。对我来说，晚上睡眠时间一般不会少于 7 个小时，中午睡大概半个小时。谈到最适合学习某一学科的时间段，我个人在这方面的感觉还是比较明显的。比如，早晨适合背诵而难以深入理解，学习英语最适合不过；上午精力相对充沛，但思维并不算太活跃，可以多动动笔，练习文综题目比较有效果；下午和傍晚是我思考的黄金期，所以大部分时间留给让我最感到有压力的数学和发挥余地较大的语文学科上。晚上一过 10 点，我就能明显感觉到力不从心，所以不再硬着头皮做较难的数学题或是解决白天里剩下的疑难问题，而是充分利用这段时间巩固其他方面的知识，这样不至于挫伤自己学习的积极性。

2. 在各个科目均衡发展的基础上进行强势突破

在当前保送、自主招生机会增多的趋势下，有意识地发挥强势科目的优势，无论对于个人高考还是保送，或是日后的个人发展，都是有利的。但是，发展强项并不意味着要舍弃对其他科目（或者说是其他领域）的学习，而恰恰是在保证其他科目不被丢下的基础上，凭借兴趣进行发展。高中学习的内容基础而广泛，与现实生活联系紧密，各科目设置不仅锻炼了我们的思维能力，教给了我们解决现实问题的基本方法，也蕴含了当代青年所必须具备的科学文化和思想道德素养。这些东西对于我们的一生起着不可替代的重要作用。况且，这些科目之间有着微妙的促进关系，任不感兴趣的弱科自由发展，也可能会在无形中阻碍强势科目的进步。参加竞赛和保送的同学，往往是学有余力，并且在某一学科领域更有兴趣和天赋，并非许多人理解的"偏科"或者"走捷径"。当然，也有一些学校、家长和同学，利用竞赛和保送作为考入重点大学的"敲门砖"。在我看来，这确实是不值得认同的，而且对个人将来的发展未必有利。我的高中老师很早就给我们讲过"木桶原理"，木桶的盛水量不由它最长的木板决定，而由它最短的木板决定。所以，我们在高中的学习，也应该在均衡各科的基础上，发展自己的优势。

3. 做好笔记，为复习提供便利

可能是文科生的缘故，我在学习中接触最多的不是各类习题，而是自己各式各样的笔记本和知识整理本。学会抓住课堂的时间，保持清醒的头脑做好笔记对我的学习至关重要。

首先，说说什么样的笔记可以称之为理想。个人认为应当字迹清晰可辨、结构层次清楚、思路线索明显、内容完整、融入个人思考。那么各科是不是应该各有侧重呢？是的。政治学科的笔记的结构一般体现为框架图；历史学科的笔记重视脉络，有时可以用框架图表示，有时则需要用箭头表示事物发展的先后顺序、前因后果；地理学科的笔记常需要加以相应的图示，再以注释的方式完成；语文学科的笔记相对比较随意（课上主要是用心体会，文言文部分需要课下归类整理）；英语学科的知识点相对零散，记笔记的关键在于全面捕捉、细致认真；数学学科的笔记不多，但要记下每一道习题对应的多种思路，顺便分析自己出现错误的原因。

其次，有一些关于记笔记的琐碎技巧和大家分享（当然大家可能早已经发现了）。（1）用颜色划分出层次，使内容清晰、一目了然。比如，英语学科的笔记中语法知识点是一种颜色，例句是另一种颜色，扩展的词汇和口语用法是其他颜色。针对不同的考试，复习的侧重点可以灵活地调整。再比如，地理学科的笔记中，一般性的知识点是一种颜色，高度凝练的规律（比如分析某一地区的农业区位条件包含的要素、河流的区位特征包含的内容等）是另一种颜色，具体到某一地理区域需要相应记诵的内容又是一种。（2）应用各种符号简写取代复杂常见的内容，提高效率。这一点的关键在于不要把它和笔记偷工减料混为一谈，时刻提醒自己省略的是文字上的工夫，而不可伤及内容。而且，要形成自己的固定模式。（3）草稿纸上随时记下自己在课堂上来不及表达的思想和出现的疑惑，不轻易让它们从身边溜走，这些东西对课下整理复习时深入理解问题可能有所帮助。（4）数学课不能先听再誊写板书，一定要一边听，一边动笔画图、计算，才能保证思路紧跟老师和其他同学，也能防止走神。

最后，还要提醒大家注意处理听课、思考和记录的关系。它们绝非相互排斥，而是相辅相成、相互促进的。许多同学觉得记录会占用思考的时间，甚至影响听讲，我却觉得选择重点的记录本身就是一个消化吸收的过程，良好的记录习惯使我们能在课上更加集中精力，紧跟老师的思路；否则，宝贵的课堂时间只会如风吹水流，毫无痕迹地从身边溜走。

4. 复习巩固，进行每周、每月的知识整理

"学而时习之"是中国传统的教育理念之一。所谓"温故而知新"，即是说我们要想把知识学到手，再内化为分析解决问题的能力和看待事物的态度，复习是必经之路。一般来讲，老师每天留的作业都是对当天所讲内容的复习，除此之外，我们还需进行每周复习和每月总结。每天的复习内容最详尽，知识点覆盖最

全面；周复习次之；月总结则是提纲挈领、排除疑难。我复习的方法主要是知识整理和错题总结。前者主要用于语文和文综，后者用于数学和英语。知识梳理建议每科专设一个本子，我们没有必要把该掌握的知识点重新书写在上面，而是应该采用列表、画图等方式把笔记上散落的知识联系起来，至于详细内容，如果笔记上有，能省则省，以节约时间。当然，总结完知识可以结合习题，检验复习效果，题目中的难点、重点可以在笔记上补充。因此，笔记本应该是开放式的，尽量避免用蝇头小字写得密密麻麻。错题总结建议设为活页形式，可以随时添加新题，并删除已经烂熟的错题。同时，数学错题本可以按照章节贴上标签，把各个章节的内容集中起来，以兼具经典题型归纳的作用。

5. 制订每日、每周的学习计划，并且努力执行

去年网上很流行清华双胞胎"学霸"的作息时间表，我每次看到也是"顶礼膜拜"。通过制订周密的计划并全力以赴地完成，你可以在同样的时间里完成比别人多的任务，从而理所应当地取得比别人更好的成绩。我个人制订计划的习惯并不好，学习也因此受到不少负面影响，但大体上通过不懈的坚持，我也算是能安排得开学习和一些社团活动，但总还是有所舍弃，并不能在每一个方面做到极致。不过，我相信我们每个人的潜力都是无穷的，只要你想用拼搏的画笔描绘青春的色彩，就一定可以得到令自己满意的美好图景！

上文所述，实在也算不上什么方法总结，只能算是一些想和大家说的闲话吧。而且，这些东西都是说来容易、做来难，没有强健的身体、良好的心态和持之以恒的付出作保障，很难真正产生效果。要做到这三点又谈何容易；首先，身体是本钱，是无论如何首先需要保证的。其次，心态一定要积极、乐观、豁达，然后才能谈及学习的动力问题，比如较强的自尊心、责任感、使命

感、不服输的精神等。否则，有可能导致巨大的压力而无法排解，物极必反，阻碍学习进步；或者只一味地争强好胜、急功近利，不顾为人处世之道，伤了与同学、老师、家人的和气与感情，便更得不偿失。最后，至于持之以恒的付出，也有不少扎根我们脑海的名言警句、寓言佳话在阐释它的重要性了。我认为，无论是学习知识，还是参加一项活动、发展一项特长，没有这一点是不会有很大收获的。

想说的、能说的大概只有这些了，愿大家都能做一个脚踏实地的追梦人，有朝一日，实现理想！

学习这件小事

姓　　名：党予彤
录取院系：国际关系学院
毕业中学：甘肃省西北师范大学附属中学
获奖情况：全国青少年科技创新大赛二等奖

>
>
> 　　如何安排好校内课程与竞赛的时间一直是让我纠结头疼的问题。资质平平的我在面对课内学习与竞赛时常常感到分身乏术，最后发现最好的方法就是将竞赛和校内学习融合，让它们和平相处，相互促进。

　　其实，认识我的人都知道，我高一以前的成绩在我们班只能算中等偏上的水平，其中不乏打肿脸充胖子的嫌疑。到了高二，我的成绩竟然水涨船高了，许多分班后认识的同学以为我一直是优等生，使我得意了好一阵子。现在，就让我来寻找自己成功或是幸运的源头，讲讲自己的经历，希望可以给学弟学妹们一点启发。

　　初中时代的我完全是一个忠诚的自由主义"卫道士"，父母对我热衷的"副业"听之任之。我学过画画、拉丁舞，唱过歌，练过硬笔书法，着迷过瑜伽、游泳、滑冰。可惜的是，虽然我样样都涉猎但每一项都不精通，初中和小伙伴一起考了美术 B 级证书，我会蹲在家里画一幅风景油画，让外行人乍看以为我是内行；在瑜伽馆中努力练习普拉提，还故作淡定模仿着"老会员"；小说一度是我的最爱，从《红楼梦》到《飘》，从路遥到古龙，常常使我沉醉其中，仿佛进入另一个世界。高一时，我又把大量时间投入到社团，参加过模拟联赛社团，在一次校会和一次省会后，我壮着胆子报名参加上海举办的哈佛模联会议，与同学一起努力为学校争取到"最佳组织奖"和"长期合作"资格；在《校园视角报》我担任过记者，心怀壮志地四处采访并写主题报道；

假期我申请志愿者家庭，与英国留学生 Annimy 一起吃住交流，感受到不同文化的差异，也感受到其强大的包容性；我还参加过清华附中举办的中学生诗会，丝毫没有基础的我仅仅练习了一个晚上，第二天就硬着头皮上台朗诵自己的原创诗歌，等等。也许大家会惊奇，能保送的学生应该是早晚投身题海，与书本亲密无间的学友，怎么能如此"不务正业"？但在父母的"开明专制"下，我过着与所谓的"尖子生"完全不同的生活。

本想，如果我的父母能够理智一些，或及时碰上一个专业的老师指点一下，我在某个方面可能会积累更深的功底，至少当初不会花那么多时间学一堆"没用的东西"，但是仔细想想，我不得不暗暗庆幸，幸亏碰上"没主意"的父母让我有足够的空间疯长，在不断地选择与放弃中无形领悟到很多东西。我发现自己的长处也认识到自己的不足。尽管我将大把的时间花在无关紧要的地方，但我确实在很大程度上得到了提高。

我们不难发现，一张高考考试卷，表面看来只是考察我们的知识水平，实际上在考察我们的综合素质，能不能合理安排时间，能不能抵制来自各方面的诱惑，能不能保持乐观的心态……丰富的课余生活开阔了我的思维与眼界，艺术与文化的熏陶使我的综合素质有了基础，舞台展示锻炼了我的心理素质，在激烈的竞争中，我从没有感到因为不堪压力而被打垮。

高二我选择了文科，新的开始让我感到责任之重，记得舍友写过：

I'm willing to abandon the present, not because I'm lazy or weak. Not because I'm cold or disappointed, but because we deserve a much more precious future. Only in this way could we have the opportunity to grasp the future.

如果人生可以用两年的时间专心致志地去做一件事，我们为何不能用百分之百的虔诚和百分之百的努力让自己未来的旅程走得更精彩呢？分班后我退出了各种社团，安心捧起书本，成为静水流深的"坐佛"，也领悟到了一些实用的方法，在此和大家分享。

运用导图，构建网络

我们的学习不能仅仅是"大珠小珠落玉盘"。网络的力量是强大的，知识联合起来的力量绝不是个体知识点的简单叠加，而是成几何级数增长的。首先，要构建"知识网络"。一段时间的学习后要全面梳理各个知识点，剖析各部分知识的内部架构，先在每一个小部分中进行整合。比如，数学函数部分，第一步掌握性质中的单调性、奇偶性、周期性等，表达式中一次、二次、指数、对数、幂函数、对数函数等形式；第二步是理清这些内容在综合问题思路中的地位和作用。将函数与不等式、向量问题结合起来，解析几何中常讨论根的分布，导数问题运用函数模型推理。其次，构建解题网络。很多同学都有这样的经历，在考试中碰到做过的原题，一阵狂喜后发现自己清楚地记得在哪一本练习册的哪一章甚至哪一页做过，但下笔时大脑却一片空白，因此，要把"看题"变成"做题"。建议大家把错题分类整理到错题本上，如函数、数列、立体几何、解析几何等，在不看答案的情况下重新做一遍，直到自己能独立产生思路，写出每一个得分要点，从而形成解题的"数据库"。最后，形成复习网络。这在高三冲刺阶段显得尤其重要，从宏观上把握高中的知识系统。比如数学分为几何、代数，几何分为平面几何、立体几何，立体几何又包括证明推理、体积表面公式计算，证明中运用空间向量和逻辑推理。我们应把握每一模块在试卷中的题型，难度如何分布，掌握程度如何，做到"天网恢恢疏而不漏"。文综的学习更推荐用思维导图的模式，确定中心词，再逐级延伸，对拓宽思路有很大帮助。

✦ 夯实基础，善于积累

文科学习离不开大量琐碎的积累，可以用"精""紧""近"概括。

1."精"

（1）记忆求"精确"。记得高三时我在地理老师的强压下每天点灯熬油地画中国地图，老师要求手绘出祖国"昂首的雄鸡"的准确形状，还包括重要山脉、河流、城市、铁路、工农业分布等，总之"笔记有多少，你就画多少"。开始大家叫苦不迭，后来发现以前头疼的经纬度、地形分布问题不知不觉记住了，而且定位更准确。世界地图则是自己一遍遍皱着眉在小本的地图册上描画地理事物的位置，力求在脑中形成精确的GPS定位系统。

（2）模仿求"精明"。比如作文可以"八股取经"也要"为我所用"。考场作文不同于日常写作，如果只求文采或思想性，很容易让阅卷老师雾里看花，难以把握出彩之处。高三时我买过一本《高考满分作文》，我先是整体看一遍，发现范文亮点大体分为语言出彩段型、见解独到型、构思新颖型和结构严谨型，于是每种类型我选出一两篇范文精读，认真做笔记。对于优秀段落和事例，勾画下来反复阅读，试着转化到自己的文章中去写其他话题。阅读范文时，我注意分析开头、结尾段和新颖的题目，名师点评部分也是提分利器，一来可以看出阅卷人的评分思路，二来可以从文章表面深入到内里，知其然且知其所以然。从此，我对于高分作文不再有"可远观而不可亵玩焉"的感觉。

2."紧"

联系求"紧密"。学科之间的联系可以帮助我们更有效地记忆。比如15世纪"地理大发现"时期，从历史上可以想到西方近代文明发展、航海技术进步，从而引出中国指南针、造船技术的传播，分析中国古代科技成就专题，中西方对科技成果应用实践不同；从政治上分析经济基础与上层建筑的关系，进而深入理解历史唯物主义，可以尝试矛盾分析法。从航海家的航线又"链接"到地理问题上，当时的季节、风向、洋流是否利于航行？后来的三角贸易为什么是这条特定的路线？殖民者的登录地点为什么在这些位置？当地的气候、资源是否适宜工业发展？用这种方法记忆知识点比单纯背诵笔记印象更为深刻，有助于我们将某一时期的政治、经济、文化背景融会贯通，从而更深入地掌握。

3."近"

生活求"亲近"。"文科的外延就是生活的外延。"要不断从电视和报刊中吸收能量。高考的趋势是以社会现实问题立意，突出时代特征，所以平时我们就要注意培养自己的政治敏感度。新闻联播是权威的政治资源，对于连续出现的热点新闻，用"是什么""为什么""怎么办"的思路分析一遍。比如，"发布'中央一号文件'增强农村发展活力"这则新闻，可以用经济生活知识来分析，从"加强宏观调控，发挥市场在资源配置中基础性作用，建立规范市场秩序，贯彻科学发展观"等方面来回答，从政治生活联系到我国国家性质、政府职责等。这样做我们一方面可以把握社会热点，另一方面可以使知识的运用更加灵活，并随时提出问题，检测基础知识的掌握程度。

课外阅读也是文科生的必修课，推荐大家阅读《中国国家地理》《国家人文历史（文史参考）》《凤凰周刊》。尤其是准备参加自主招生考试的同学，阅读杂志不能像以前一样走马观花，而要特别留心作者的行文思路，如何用最简练的语言把观点表达得更有说服力，对于优秀的社评和新颖独到的观点可以勾画下来再次阅读，顺便提高写作水平。看电视剧也是增长文学功力的良机，看电影、美剧注意一些熟悉词汇的不同用法，不经意的观察可能在以后派上用场。比如《老友记》（Friends）中出现过像手推车一样的代步器，帮助老年人行走，当时我便在想美国的拐杖这么高端，后来我做了一篇英语完形填空题，讲的是服务生错把一位老人的代步器当作送餐的手推车，老人幽默地提醒他。当时很多同学选错是因为不能理解代步器和手推车有什么一样的地方，而我便想到美剧中令人捧腹的情景，选项便不难理解了。

心态积极，从容自如

我很喜欢古龙和金庸的小说，想以他们笔下的人物为喻。

萧十一郎——"桃李春风一杯酒，江湖夜雨十年灯"，本真、率直、豁达、开朗。我喜欢萧十一郎在风浪与起伏中找到自我，保持善心的气度。如怀特所言"面对复杂，保持欢喜"。我们不能否认，学习是一件孤苦的事情。记得老师说过"高中生活就像出门旅行，我们都在一辆大巴车中，有的人呢，看到沿途的风景很美，就提前下车了，却不知最美的风景在旅途的终点"。那么走到最后看风景的人，必定会经历孤独。我参加过五公里长跑，也骑自行车进行过小小的旅行，发现一开始因为好奇和感兴趣做的事，最后大多要凭借毅力而非乐趣才能完成。高考是带我们走向最美景色的过程，也是我们逐渐长大的过程。高中时代我们都是热情的、冲动的、脆弱的，不必放弃自己的脾气和秉性，而要

在磨炼中长大；不要害怕挫折，别轻易就放弃，而留下提前下车的遗憾。

双双——"正因为她看不见别人，所以才不能将自己和别人比较"。双双从小就是盲人，目盲给她带来很多不便，同时却也为她省去了许多烦恼：因为看不到所以没有过多不满，过得快乐幸福。《天龙八部》中的马夫人却是另一个极端，天生丽质，迷倒无数英雄豪杰，却偏偏得不到乔峰，于是心态失衡，接下来做了许多残忍的事并也因此葬送了身家性命。现实生活中心态失衡如马夫人的人很少见，但谁的身上没有一点马夫人的影子呢？争强好胜是助我们成功的动力，然而超越排名的束缚我们才能走得更轻松。对他人学习方法的借鉴固然重要，而更重要的是过程而非结果。高考之前的所有考试都只是铺垫，任何错误都将是高考考场上的经验。因此，不必过于在意平时考试的名次进退，不必盯着其他同学做了多少题、看了多少书。高考有太多机会、太多可能，需要我们做回自己，轻装上阵。

袁子霞——"懂得自己的长处，根本不用武功也能将别人击倒"。袁子霞的武功在《七种武器·长生剑》中算不上高强，但从头至尾，整个故事基本都是在她的掌控中展开的。最终武功最高的白玉京心甘情愿地败在她的笑容下，伴其浪迹天涯。我认为她的形象是《七种武器》的开篇也是总结，七种武器分别象征人的七种状态：笑容、自信、诚实、勇气、骄傲、决心和友情。在这里我与大家共勉，带着这七种武器迎接高考。

学习方法总是因人而异，无所谓最好或更好，只要它是适合你的，你用它来学习是有效率的，对你而言就是很好的方法。但我想有一些共通的东西，比如合理计划、良好的时间观念、持之以恒，这些都是必不可少的"学习品质"。

如何安排好校内课程与竞赛的时间一直是让我纠结头疼的问

题。资质平平的我在面对课内学习与竞赛时常常感到分身乏术，最后发现最好的方法就是将竞赛和校内学习融合，让它们和平相处，相互促进。

我参加科技创新大赛选择的题目是《京沪高铁和空中快线的综合比较和改进建议》，想对北京至上海的高铁和空中快线进行调查分析并提出建议。第一次写论文相当慌张，我设计了"资料收集""亲身体验""问卷调查""统计分析"四个部分。首先，我查找关于高铁的时速、运营条件、成本、发展历史等资料。比如高铁和飞机在800～1500公里的距离处于最激烈的竞争带，低于800公里铁路运输更具成本优势，而高于1500千米的飞机更具优势；比如，高铁建设多需高架桥，两侧不可有农田、居民区，以免因速度大、引力过强而发生危险。几天的疯狂查找资料给我留下后遗症，直到现在我看到高铁就兴奋，做题碰到高铁比谁都激动。记得有一道地理高考题——以下高铁的开通对航运影响最大的是：A.沪杭线　B.京广线　C.哈大线　D.京津城际。这里只要把握"竞争带"，这道题就变得so easy——哈大高铁全长921公里（地图上可以大概量出来900公里左右）处于竞争最强的范围，所以正确答案选C，类似的题目还有很多。我发现，我对参加活动时准备的资料印象会非常深刻，不论是校内社团，还是参加比赛、社会活动，都是增长知识，提高功力的良机。

"亲身体验""问卷调查"是最有意思的部分。我从首都出发，坐高铁去上海，一路车好、风景好、大家心情好，乘客填问卷都十分配合。在飞机上就不一样了。我坐的是早班飞机，航班没有安排好，登机口临时改换没有明确通知，只是在登机口放了一个很小的牌子，我们发现时时间已经很紧张，一路小跑到一个很远的登机口。登机后还有乘客在抱怨，加之早上大家还在半梦半醒中，调查问卷发得异常艰难。多数乘客以为我是来航空公司打工的,反复审问后还是拒绝填写。有一个叔叔听到我说"调查"便愤怒地抱怨:"你看你们公司,我前几天坐晚班飞机晚点……我们在机场过了一夜,你去给他们说,这种服务……"我故作镇定地说:"对对……对……我很理解您,有机会一定向航空公司反映……"我真的进入了角色。一开始我在回收问卷时总是说"打扰了,麻烦您了",后来觉得不如"祝您旅途愉快"这样的话更让人开心。后来进入高三,总复习在讲到语言得体类问题时,特别提到在请对方帮忙或造成不便时应尽量避免再次提到烦劳之处,坐在下面的我一副严重同意的表情。

比赛展示的准备工作几乎用掉了我所有脑细胞,越来越高的发际线就是"证明"。做展板的过程中我发现了特别优秀的软件imindmap,便向各位学弟学妹强烈推荐。此软件可以绘制思维导图,并以动画的形式呈现。对思维训练和背诵有很大帮助。比如,哲学一开始学是很折磨文科生的,用思维导图便很明了。比如确定一个中心词:马克思主义哲学;再确定一级分支(一般是两到四个):辩证唯物主义、历史唯物主义;每个一级分支下有若干二级分支,如历史唯物主义分为人生观、历史观;二级分支又可继续延伸三级、四级……N级分支。这样一本书的知识变得网络化、系统化(更好记忆),习惯了这种思维方式后再分析文综题会变得轻松。再比如,用文化生活知识分析科技在中药发展过程中的作用。其中心词:文化发展。一级分支:文化继承、文化传播、文化创新;二级分支中分别展开去介绍科技的作用。答案的要点基本可以占全了。这种方法在李晓鹏的《高考状元的屠龙宝刀》中有详细讲述,看完会有很大启发。

生命在于折腾。展板完成后我又在想怎样才能把更多人吸引到我的展台前呢?一天我走过地下通道,发现很多发给路人的纸质的宣传广告大多被扔到垃圾桶里,而做成餐巾纸袋或扇子却很

少遭到遗弃,我灵感乍现——把我的项目综述印到扇面上,比赛在八月,展厅中一定非常热。果然我的"抄袭"收到很好的效果,扇面和动画的导图给我的展台增加不少人气,为我争取到大讲特讲的机会。

渐渐地,我发现学习不是与生活脱节的空中楼阁,而是"源于生活,扎根生活,回归生活"。学习的最终目的不就是让我们更好地适应环境,将生命旅程走得更精彩吗?一旦树立了明确的奋斗目标,一切都会迎刃而解,所不同的只是途径,相信聪明的你,一定能摸索出自己的学习风格,从容追求,做幸福的赶路人。

人生就是不停的战斗

姓　　名：叶诗瑶
录取院系：外国语学院
毕业中学：浙江省杭州外国语学校
获奖情况：中国业余网球公开赛"永电杯"温州白金赛青年女子单打第五名
浙江省第十四届运动会网球比赛女子甲组团体铜牌
浙江省第一届特色学校网球比赛高中女子团体第一名
2011学年校"优秀团员"称号
2011学年校"三好学生"称号
2010学年"优秀班干部"称号
2010学年、2011学年校级"优秀学生工作者"称号

> 学习永远不应该是一个单向的过程，依靠老师教给你多么有用的东西、多么高超的技巧是不现实的。老师教、学生学，大部分时候后者比前者要重要得多。从一个老师身上你可以学到很多东西，而喜欢一个老师可以让你学到更多的东西。

有一种说法，每一个好学生背后总有一段轻松快乐的学习生活，出现频率最高的词汇莫过于"打电脑游戏"和"看小说"了。这常常给我们一种错觉，似乎只有悲惨人生才能造就音乐家，似乎随心所欲就能把书读好。然而，我觉得无论是悲伤还是欢乐都只是生活中必然存在的元素，它们并不会因为你是谁而减少或者增加。每个人之所以能在不同的领域获得成功，一定都有一个靠谱的理由。好学生并不一定比普通学生学得轻松，他们也会在一道道难题面前抓耳挠腮，也会晚睡早起刷题，也会在糟糕的分数面前流下悔恨的泪水。只不过当他们在谈论成功时，往往更愿意避重就轻地聊那些快乐的点缀。不过，今天我想坦诚地分享一些我认为在我的学习生活中产生巨大作用的经验，这些经验或许不被所有人认同，但它对我来说有着独特的价值。它是我成年之前最美好的回忆，记录着我在学习生活中的每一个脚印。

人生就是不停的战斗

 生活不可能全按计划进行，但没有计划的生活必然不行！

常常看到影视剧里那些无所不能的职场白领们总是按照密密麻麻的计划表一丝不苟地工作，这种严谨的态度可以让他们拥有超过常人好几倍的工作效率。效率高就是我们常说的事半功倍，它不仅能让你做事更加漂亮，更能让你的心情格外舒畅。不过，在现实中实现一丝不苟的生活是一件极具挑战的事情。生活是复杂多变的，不可能全按照计划进行。人的精力是有限的，不可能对所有的事情都准备 Plan B，但这不意味生活就应该脱离计划。在高中阶段，学生手头的时间变得越来越紧张，计划的重要性就愈发突出了。这里所说的计划并不是影视剧里那种精确到分秒的计划表，它是为你明确学习生活大方向的一张蓝图。我并不是一开始就觉得高中的学习生活需要什么计划的。但是当我进入高中后，发现竟然有八门主课连环轰炸，课外活动又是那样的丰富多彩。在我晕头转向的时候，我发现我应该静下来，好好地思考一下之后的三年。我仔细考虑了当时我们的课程制度：高一不实行文理分科，八门功课同步学但难度相对不高；高二实行文理分科，课程难度上升；高三所有学生暂停担任学生干部和社团干部；综合成绩考量时高三占比最高，高二次之，高一比例最低。

于是我决定高一的时候多多参与课外活动，争取在社团和学生会这一块有所建树，同时文化课这一块以比较平和的心态对待，希望将各科都保持在较稳定的水平上。高二的时候逐渐将重心转移到学业上，在课外活动这一块做出必要的取舍，只留一两个对自己最重要的继续进行。高三则全面进入备战状态。当然"有所建树"和"较稳定水平"都是比较抽象的概念，在我真正进入到每一个阶段的时候，我会根据实际情况确定一个比较具体的目标，然后"step by step"去完成它。我很幸运，每一步都走

得很顺利，最开始期望达到的东西都做到了，甚至还多出了一些小惊喜。计划给人带来的好处远不止一个完美的结果而已，它使你整个实行计划的过程都变得很愉悦。我们最害怕的东西其实是陷入茫然无措的状态，得过且过的生活会一点一点吞噬掉我们的活力，如果在这时又来个什么挫折，那我们就容易崩溃。但是，当你拥有一个计划去实行的时候，你会从茫然变得安心。一步一个脚印去实现一个目标，是最简单也最靠谱的方式。

重要的不是老师教会你什么，而是你从老师那里学了什么！

前些日子我和别人聊天的时候，又提到老师和学习之间的关系。现在大部分学生和家长都盲目地在老师与成绩之间画上等号，甚至有些学生会因为不喜欢一个老师直接上升到不喜欢这位老师所授的课程，进而导致这门功课成绩的大幅下降。我觉得这是一件很得不偿失的事情，因为对一名老师的厌恶并不能让你活得好一点。我在学习生活印象最深的事情就是——我喜欢每一位为我上过课的老师。喜欢是一个很有魔力的东西，它会调动起你的很多情绪，对你的学习有着积极的作用。老师不仅仅是一个教书的人而已。要知道，教授的内容早已白纸黑字印刷在教科书上，于你于他并无不同。但是，老师作为一个个体是拥有人格魅力的，他们的态度、思想、习惯……都会对你的学习生活有所启发。我喜欢数学老师总是很话痨地跟我们唠叨一些琐碎的事情，他总是记得每一个学生考试的成绩，了解每一个学生的性格，关注每一个学生最近的状态；我喜欢语文老师那一股书生的气息，他从不会很强势或是很急切地要求你做任何事，但他无形中会激发你去追求一个纯粹读书人的状态，并且他推荐的电影和书籍从来不叫我们失望；我喜欢英语老师总是一丝不苟地对待我们的作

业，还有在上课的时候不经意间的"卖萌"；我喜欢地理老师向我们介绍他走过的每一个地方时那如数家珍的表情，当时的我边记笔记边暗暗挥拳发誓，以后也一定要走遍这些地方；我喜欢政治老师总是拿他自己家里的事进行类比来讲题目，那些晦涩的政治题一下就迎刃而解；我喜欢历史老师带着口音中气十足地讲课的样子，他的激情很有感染力，让课堂永远充满着热度。

总之，在每一位老师身上都可以找到闪光点，都有一个值得你去喜欢的理由。当然，你不可能每次都一眼就喜欢上一位老师。曾经也有些老师给我的第一印象并不是很好。譬如说曾有一位给我们上过课的地理老师，他性格比较古板，毫无人格魅力可言，上课讲题目很慢经常还要拖堂。但我后来发现他是一个很认真的人，每一次上课的课件他都要亲自准备，甚至在每一个看似平淡的动画效果背后都有他的心血。他的认真让我肃然起敬。后来渐渐地发现他越来越可爱，讲题目的时候没有任何架子，就算同一道题问好几遍他也不会生气。

学习永远不应该是一个单向的过程，依靠老师教给你再多有用的东西、再多高超的技巧是没有用的。老师教、学生学，大部分时候后者比前者要重要得多。从一个老师身上你可以学到很多东西，而喜欢一个老师可以让你学到更多的东西。学习的基础就是兴趣，所以请去激发你的兴趣吧！去尝试喜欢每一位老师，去喜欢每一门学科，你会有意想不到的收获。

❖ 九把刀告诉我在该热血的年纪里一定要为梦想而战！

九把刀就是那个在 2011 年凭借一部电影《那些年，我们一起追过的女孩》横扫中国电影界的家伙。他是我最喜欢的畅销小说作家，他是热血的意象，是被宣示的图腾。是他，将热血这个青春符号传递给了像我一样的年轻人。在这里我之所以要提到他，是因为他的作品激励我在学习上完成了巨大突破。相信许多"北大人"都是从小一直优秀到大、从未被超越的"学霸"。但是我不属于这一种，至少在初中我一度是平均分以下选手，在高一也只能勉强排到班级前十名。如果我按照正常的速度努力下去，绝对是拿不到保送北大的机会的。当你要突破原有生活，以超乎寻常的速度奋斗的时候，你必须要有信念，或者说要有动力，去支撑你前进。

有一句话："说出来会被嘲笑的梦想才有实现的价值，即使跌倒，姿势也可以很豪迈！"（九把刀创作的小说《猎命师传奇》）

我们常常缺乏勇气，被胆怯和懦弱束缚，不愿坦诚地面对自己的内心，或是太在意周围人的眼光，小心地把自己的梦想隐藏起来。所以，我们的潜力经常被自己扼杀在摇篮里。有很多同学在高一刚开始的时候就认定自己一定只能学文科或理科，从而对另外的科目极其不上心，自然会造成偏科。其实，我觉得我们所学的所有课程都是经过精心设计的，只要通过一定的努力都可以获得很好的成绩。但是很多时候我们从一开始就没有对于好成绩的追求，所以即便你有这个潜力也无从发挥了。所以，目标一定要远大一些，这样才能激起人的斗志。趁着还有时间，问一问自己是否还记得当初的梦想。

还有一句话："人生是不停的战斗！"（《猎命师传奇》）

有了远大的目标之后就需要为目标而战了。这才真正到了困难的时候。记得当时我为了抢在高三一轮复习前把自己的英语成绩提升上去，我用最高的效率刷完了五年来各地高考的语法真题。第一次刷，战况十分惨烈，每个专题都错了一大片，简直不忍直视。不过细细分析，这次刷题果然把我那些漏洞都统统暴露出来了，这就是我要的效果。之后我每天五点起床，节省出一个

半钟头的时间用来纠错，每天一个专题，分类整理错题，有想不明白的题就去问老师。我整整花了半个月时间，完成了两大本纠错。这一战让我的英语成绩取得了巨大的飞跃，也是我记忆最为深刻的一次"奋斗"。那段日子我经常会想要放弃，觉得何必要这样折腾自己。但是一想到九把刀的这句话我就会立马变得很热血沸腾。那是一种挑战自己，看看自己到底有几斤几两的美妙体验。我把这句话写在了寝室桌子边的墙上，每天早上做纠错题的时候，只要一抬头就能看得见。嗯，九把刀能做到的事情，我也一定可以！

其实每一个人都会有自己独特的学习方法，但是有一条原则一定是一样的——我们必须向前看。我不知道我的经验能对别人有什么帮助，但是我希望能传递一种精神给大家，这也是我一定要用咆哮式标题的原因。于丹老师曾说："年轻人一定要追求绚烂之极。"我非常赞同这个观点。在校园里的这段时间是我们人生中最为单纯美好的。一定要抓住机会好好绚烂一把，热血地学习，热血地去参加活动，突破平淡的生活，用热血燃烧青春！

关于前燕园时代的六年

姓　　名：周小洲
录取院系：化学与分子工程学院
毕业中学：天津市南开中学
获奖情况：全国高中学生化学竞赛（省级赛区）一等奖
　　　　　　 全国高中学生化学竞赛冬令营一等奖

> 不管是百分之一还是千分之一的筛选率，只要能有一个人，这个人也有可能是你。要用这个信念去追逐梦想才对。还没努力还没尝试就说机会太小，那是借口。我总是觉得梦想要自己追，机会再小也是有机会，争取了或许有的时候会遇到失望，但是如果不争取，想要的东西是肯定不会自己送上门来的。

作为一名提前被北京大学预录取的中学生，我总是会被人问及有什么学习经验、学习方法之类的问题。细细回想，我发现之所以能走到今天这一步，之所以能获得走进燕园的机会，大概更多的还是取决于我的所谓前燕园时代的六年中学生活。我的母校天津市南开中学给了我很多，包括支持我一步一步向梦想前进的精神财富。

关于理想院校的选择和筛选率

有一段时间网上流传过一个段子："小时候曾经想过是上清华好还是上北大好，后来发现我真的是想多了。"而我从来不认为这是想多了。

小学的时候我曾经想过初中要去南开中学。当时年级六个班，一个班五六十人，五年多一直在中等偏前晃悠的我从来也不被认为能进南开初中。然后，第六年就那么拼了一年，再然后，

我成为一名南开学子，尽管是以一个非常贴近录取线的分数，但是我成功了。

初中的时候我曾经想过高中是去南开实验班还是去耀华实验班（当时的印象是想考耀华实验班相对比较有把握一些，南开的实验班略有挑战）。后来，我决定要去南开的实验班，然后经历了竞赛、中考、小卷，最后如愿进入了南开中学高中实验班，尽管我的分数和小卷成绩也并不高。

高中的时候，我重新开始思考以前就隐隐约约想过很多年的问题，也是大家小时候都想过的问题：以后是上清华还是北大？高一、高二年级我的成绩排名也算是相对靠前，但是没有那么靠前；竞赛更是在年级里一直悬在中间，好像感觉就连我的父母也不怎么觉得我可以进入一流名校。然而我决定把北大当作自己的目标。北大，而且是北大化学与分子工程学院，哪怕实现不了也至少要为之努力。高二开始学竞赛内容，我的课内学业成绩保持稳定，学生会工作正常进行，竞赛成绩逐步上升。暑假我学了两个月竞赛，九月初赛我以省级赛区一等奖第三名进入省队，这时我第一次意识到，当时只是想想，或者说只是拿来当作目标和梦想的东西，现在真的在可以触及的范围内了。之后我又度过了整整一个月每天早七点到晚七点的实验室生活，接着是集训。十一月初，我面临了一次选择——清华大学招生办的签约机会，然而我拒绝了，"上清华还是北大"这个问题于是就没有了退路。十一月底，我参加了北大体验营，签下北大预录取，十二月我参加了冬令营获得金牌，签下北京大学化学与分子工程学院。于是，原本自己都不大确定的梦想就这样实现了。关于"上清华还是上北大"，我觉得对我来说这不算是想多了。

梦想这种东西如果连想都不敢想那就真的不可能实现。

曾经我的初中班主任马老师在初三那年的表彰大会之后，跟我们说:"你们看台上的学长们,什么竞赛拿奖保送的啊,拿奖章拿奖状的啊,你们一定很羡慕吧?"顿了一下,班里的同学包括我自己也不自主地点了点头。马老师继续:"不用羡慕。总有一天你们也会站在领奖台上。你们觉得概率很小吗?是不是觉得这么多人里只有他们几个人才能这么在台上站着?那我告诉你们,别说是一个年级几百个人有他们二三十个人,就是一个年级只有一个人有机会,那也要相信这个人可能是你。"这段话我记了四年,这四年我凑齐了象征南开中学最高荣誉的"公"字、"能"字奖章,和一块带我走进燕园大门的全国化学奥林匹克金牌。

不管是百分之一还是千分之一的筛选率,只要能有一个人,这个人也有可能是你。要用这个信念去追逐梦想才对。还没努力、还没尝试就说机会太小,那是借口。我总是觉得梦想要自己追,机会再小也是有机会,争取了或许有的时候会遇到失望,但是如果不争取,想要的东西是肯定不会自己送上门来的。

中学生活,这大概是对我来讲最重要的一课。

关于"时间是挤出来的"与取舍选择

效率是自己提高的,时间是自己挤出来的。这话以前我也有点不信,然后,南开六年生活之后我信了。大概是我生性比较闲不住,兴趣爱好又多,于是初中到高中各种活动好像基本都少不了我。

初中三年我基本没做过干部(第一个学期干过很短时间的体育委员,不过也没干什么具体的事),初一执导年级话剧去区里比赛;初二参加辩论会、演讲比赛,也是在初二我当上物理课代表,开始准备物理、化学初中竞赛;初三同时复习物理、化学两科决赛;回回运动会我必然选择两个项目,合唱节我次次伴奏。

同时,三年间我没有间断过练钢琴和跆拳道。

高中貌似就更丰富了。高一我成为团支部书记,成为年级干部,执导班级话剧参加话剧节,参加英语演讲比赛,参加学校辩论赛,参加在意大利的国际中学生科学大会,加入MUN社团和话剧社,参加天津市第一届MUN大会;高二我成为校学生会文艺部副部长,策划举办学校第一届电影节,协办合唱节,参加天津市第二届MUN大会;高三我成为年级学生会主席,以及参与所有的运动会和合唱节。同样,我没有间断过钢琴和跆拳道这两项爱好,即使竞赛最紧张的时候也没有。

我觉得就算是一路走过来的自己,回头看看六年中学生活我所做过的一切大概也会怀疑,如果重新来一次自己是否还能这样紧张而又从容地做完所有的这些?但事实是,我做到了。家长、老师都会问我难道不觉得时间不够用吗?这里很多事,尤其是课业和竞赛,都不仅仅是需要时间而更是需要专注的时间和精力才能保持或者进步的,时间有限、精力有限,所以这么多事情我是如何完成的呢?其实我自己也不是很清楚,细想起来自己当然也感觉过时间紧迫,我只想说效率是逼出来的。

记得初中语文老师跟我们讲过,每天一篇阅读的持续训练看似容易做到而实际却很难,很多人会说是因为没时间,但是其实最重要的原因还是因为大家认为这是每天的,可有可无或是拖欠一两天没关系,于是一天推一天地就放下了,这事就做不成了。如果想要坚持就要告诉自己,这和其他作业一样,是每天必须做的,不能拖欠,你自然就有时间了。

于是,我尝试应用了这个思路。每次遇到感觉时间紧张得不能再紧张的时候,都有这样的潜意识"作祟":今天任务清单就这么多,自己要用多久完成自己看着办,反正一件一件来,做完为止。于是,我在不知不觉中就这么硬着头皮闯过来了,事后回头

看看,发现其实也就那么回事,再遇到时间更紧迫的情景便又是如此一个反复,效率就一点一点提升上来了。或者换个简单的说法,就是晚上不练琴只写作业会写到十一点,练了半小时琴最后也是差不多十一点完成,这样的效率提高其实是相当于自己比别人每天多出了半小时。

我还记得高二的时候班主任跟我讲:"同时兼顾学生工作、竞赛和课业,并不是不可能同时做好。但是你一定要有足够的心理准备,你将会付出比别人更多的辛苦,别人休息娱乐的时候你要继续拼搏努力。你要做到全心全意地对待你决心要做的事情,是真正地拼,不是说说而已,是每一丝一毫精力都要放在上面拼。"

我照做了。全心全意地投入到自己想要做的事其实并不是那么难,说白了,就是每天每一个小时都没有什么空闲。竞赛计划、课业学习和学校工作,每天我的生活基本就是这三样。我可以把学生会例会精简到原来的一半时间,每次开会直入主题然后撤回自习室做题;我可以放学以后在班里看竞赛内容到校车快开了再跑下楼赶车;我可以早晨在公交车上列出当天要做的事的清单;我可以在大课间跑着来回操场和教室,或者是用两秒钟规划一下走哪条路回教室能路过两个要去的办公室,节省下来的时间一概利用。用心归用心,但同时也要分清主次和优先顺序,有条不紊。或许他人看到的只是一两个"一分钟",但是其实一个"一分钟",两个"一分钟",三十个"一分钟",一百个"一分钟","They do make a difference"。

当然也要有所选择。为了我所追求的东西,我放弃学了三年的国画和学了两年的航海模型比赛,放弃了最后一次运动会,放弃了很多所谓的休闲娱乐(南开六年学习生活中一直因为图快所以只吃食堂,毕业后才知道学校周边有哪些吃饭的地方……),甚至我因为做实验错过了年鉴中的全班合影。但是我自己是清楚

的，对我来讲什么才是最重要的事，什么是生活应有的重心。因为喜欢，因为兴趣，因为责任，休息娱乐和学习工作我会选择学习工作，看更新的美剧和练琴排节目单我会选择练琴排节目单。于是很多事情就顺理成章地按时完成了。

中学六年我觉得我过得很值得，因为我所经历的比大多数人要多，我过得非常充实。

关于"坚持就是胜利"和信心

"坚持就是胜利"这句话我完全同意，因为如果不走到最后谁也不知道最后是什么。我们产生想法，我们做出决定，我们开始行动，然后我们必须坚持走下去才能成功。

初中的时候，当我努力了很久坚持了很久却仍然见不到什么起色的时候，我会很累、很迷茫，也很想放弃。但老师可能无意也可能有心地在班会时突然说，很欣赏我不论怎样都咬死不放弃的精神。一句话，让我不再犹豫，继续坚持。

其实后来想想，这对我具有重要的意义。

曾经我的入学成绩排名很靠后，然后我一点一点地努力往上提高，追到中游偏上的时候稳定了很久，没有下降但也没有上升，很多人觉得我可能到此为止了。然后初三我拿了好几次年级第一并多次进到年级前五，竞赛拿了两个一等奖，中考考进了南开中学实验班。

曾经我在数学科目中拿了我上学以来的最低分，家长认为数学大概会就从此成为我的短板。于是，我拒绝了额外占用时间的课外班，重点学了一个学期数学，尽管期中成绩依旧不是很理想，但期末得了90＋的分数。

曾经我在年级化学竞赛中并不活跃，又比大部分人晚一年开始，所有人都觉得我拿到省第一名取得保送资格就好了，谁也没有对我有太多的要求。然后，我基本用了一切课余时间追赶竞赛内容，暑假每天在市立图书馆自习室做题看书，曾经一个月先是写答案用的 A4 纸就用了一百来张，省级竞赛最终拿到了第三名并进入省队签了北大。

这么多的"曾经"都印证了"坚持"的力量和"信心"的意义。很多人说时间不够，能力不够，机会太少，精力不足，都说"其实我挺想做这件事的，我挺想走这条路的，但是因为……的原因所以最后只好作罢"。在成年人的世界里他们会说，是现实打败了他们，这些是一回事，但是，我想说这些基本都是借口。

我们为之努力的东西，被称为梦想，被称为目标。有时间赖床、有时间发呆、有时间打游戏就没有时间去为梦想奋斗吗？没有能力打好球会去很自觉地练，那么没有能力追逐目标就要放弃吗？机会这种东西为什么同样坐在一间教室的人有的就把握住了有的就没有呢？有精力去八卦、有精力去打扮逛街、有精力去钻研游戏策略而没有精力去实现自己的理想吗？

仔细想想这些问题就不难发现，绝大多数情况下选择放弃都是自己打败了自己而已。当遇到了否认、挫折、失败的时候问问自己，是不是已经尽力而为了，是不是真的一点都不能更加努力了。如果不是，那么就要相信自己还能做得更好，就要坚持。不放弃，不抛弃，越挫越勇。

几年之后，高中的班主任也是在班会课上，说很欣赏我一直存有信心并一直没有停止努力，没有放弃拼搏。我觉得这很巧合，又觉得这恰恰证明了这是冥冥之中母校给我的宝贵精神。

关于"态度决定一切"和生活的重心

我所说的态度,并不仅仅是对于某件事的态度,更是对生活突发事件的态度及对生活、对人生的态度。南开中学的四十字箴言讲的看似是形容举止,实为态度:"面必净,发必理,衣必整,纽必结;头容正,肩容平,胸容宽,背容直;气象:勿傲,勿暴,勿怠;颜色:宜和,宜静,宜庄。"生活中有很多事件,可能一个细微的差别都会在以后被证明能影响一生的轨迹,但是当时,谁也不会知道。所以,有一个好的态度、一个好的心境,有的时候能解决很多问题。"认真负责""冷静理性""宽广兼容""全面细致""心存感激""宠辱不惊",这些是我个人追求的态度关键词。

首先想说说"认真负责"与"宠辱不惊"。

认真负责地对待每一件事有的时候并不容易。老师曾经跟我说过,要"有区别地对待所承担的事务,有的要很认真,有的可能没有这个必要"。关于老师给我的各种建议里这是少许的我持保留意见的一条,到目前为止我也仍然坚持我自己的观点。"不做则已,做则尽力",这句话我曾经在初三百日冲刺的时候誊写了下来,然后贴在了自己的书桌前。确实,当遇到的事很多的时候要有所选择,但是选择了以后,确定了哪一部分是自己要做的,那就要全力以赴,哪怕这件事其实自己的承担部分很小,对这一小部分也要认真到底。这里说的负责也不是对家长、老师或者学校负责,而是自己问心无愧。我从来不会去问,事情做到这个程度老师会不会满意、家长会不会满意,只会去问我自己会不会满意(当然有些学校工作,让自己满意的标准之一就是让老师满意,但是最终的标准应该还会是自己的想法)。让自己问心无愧是最好的负责,事后也许可能会有失望、会有挫败,但是无论如何都不会后悔:是我自己的选择,自己的判断,而且做得尽心

尽力、问心无愧。

"宠辱不惊"这个词可能用在这里看着有一点奇怪,人遇到好事或者成功自然会兴奋,会觉得自己幸运,遇到不好的事或者失败挫折也自然会觉得自己倒霉。我希望遇到前者时多想想感激,遇到后者多想想不惊。成功需要的东西很多,个人努力占的比重固然大,但是促成成功往往多少需要一点运气,过硬的实力加上稍稍好的运气,成功通常就来了。所以获得成功,我更希望自己能多想想感激,感激好运气给了我一个更适合发挥的环境,运气不是一直有的,所以要更加培养过硬的实力。遇到失败的时候,我更希望自己能多想想不惊,正如成功的时候我不会去想"为什么是我",失败或者遇到不好的事的时候我也不会去想"为什么是我"。之前也有说过,我相信人生的轨迹会因为细节决定而改变,所以,大概可能不好的事情之所以会发生也是取决于我以前的某些决定和行为。这样想通了就好了,去努力去拼搏,让以后的自己能更接近成功。

当生活的重心是自己最重要的梦想的时候,其他的所谓成败其实就没有那么重要了,得到了什么、失去了什么,也不会太影响自己的心情和行为。我是一名理科学生,我是一名立志要成为科学家的理科学生,我需要的是一种冷静的、理性的思维模式,我的梦想是要在科学领域中有所建树。那么其他的什么问题,很多就不用深究了。吃点小亏就吃点小亏好了,有些事失利就失利好了,没什么好消沉的,因为它们不是重点。同时,学术上有什么挫折,未来的求学路上有什么障碍,也没什么好消沉的,因为它们是你生活的重心,这些问题自己不解决不会有人帮你,所以还不如从一开始就正视它们并解决它们。

生活的重心一旦找到了,生活就稳了,站住了脚,心态自然也会平和很多。在南开中学的六年里,我找到了自己的方向和重心，这是我最大的收获。

我曾经在给初三年级学生的宣讲会上说："南开中学不仅仅是对学生的成绩负责，更是对学生的未来负责；南开中学不仅仅是教学生知识，更是教学生如何为人处世。"当说出这句话的时候，我发自内心感谢我的母校，因为她真正教会了我这些书本上哪儿都找不到的东西。

最后我还是要说一句可能每个新生都想说的话："能够有机会进入北京大学学习是一件荣幸的事。我会带着我的母校给我的印记：信心、坚持、态度和梦想，充实地度过四年大学生活，同时我也期待着北大即将带给我的全新的经历！"

师 · 道

姓　　名：郭祎劼
录取院系：数学科学学院
毕业中学：甘肃省西北工业大学附属中学
获奖情况：第26届全国高中学生化学竞赛（省级赛区）一等奖
　　　　　2012年全国高中数学联赛（省级赛区）二等奖
　　　　　2012年全国中学生物理竞赛（省级赛区）二等奖
　　　　　2012年全国中学生生物学竞赛（省级赛区）二等奖
　　　　　2012年全国中学生语文能力竞赛高二年级组一等奖
　　　　　2011年全国中学生语文能力竞赛高一年级组一等奖

> 竞赛得奖，我要说，这是一件锦上添花的事。之前你参加的竞赛培训、做的练习、花的工夫是织就的锦，至于得奖那个名头及随之而来的省队呀、加分呀之类现实利益都是那个锦上的花。这花儿有了当然是好，如果没有，你也要相信自己已经织出了一匹好看的锦缎。

道之所存，师之所存也。

——韩愈

"没事下去玩一下"

又是一节习题课，又是两面黑板密密麻麻的演算，又是顺理成章拓展出的 n 道思考题，"解析小王子""拖堂李天王"的名号真非浪得虚名。"其实可以考虑将椭圆中的这个结论拓展到双曲线是否成立。"数学李老师淡淡说道："好了，你们没事把这道题回去解一解。"李老师讲课总是带着数学老师特有的沉静、严密、简练，但也不乏令沉闷课堂为之一振的惊人之语。"哎，这个题解挺好玩的。""圆锥曲线里就抛物线没有中心，多可怜啊。""嗯，当年我们读书的时候，别人都去看电影啊，出去玩什么的，我就在宿舍拿本数学书看，也很有意思的。"说着再配以中学生似的腼腆一笑，好像在对孩子们说起自己的挚友，甲高点儿，乙胖点儿，丙的问题挺讨厌，丁有很多优秀的品质……

李老师在同龄人中显得很年轻单纯，这让人想到牛顿那个经

典的自喻:"我以为自己不过是一个在海边玩耍的孩子,不时为发现比寻常更美丽的贝壳而沾沾自喜。"陈省身的题词"数学好玩"更是成为老师言行的生动注解。

在一次次被数学压轴题"虐"得欲哭无泪的时候,总能听到李老师轻描淡写的一句:"也没什么难的,接下来我就不演算了,你们自己玩一下。"在常人看来,枯燥繁难的数学在老师心中是什么样子呢?是不是每个函数都有自己的性格?是不是每一个经典的不等式都能牵引出美好的回忆?是不是单调性、周期性、奇偶性就像人的面目,会哭会笑?又或许……抛开我浮华的联想和孩子气的揣测,数学就是以其本质的简洁深刻而使人沉醉,让人热爱,给人享受。

想来世界有大美,不只是诗歌、音乐、绘画之类文艺方面形象的美丽,更有自然科学无限又抽象的魅力,"任是无情也动人"。当阿基米德在沙地上画几何图形的时候,当伽利略仰望星空的时候,当霍金坐在轮椅上思绪却绵延到宇宙深处的时候,那种痴迷,那种热爱,让人虽不能至,心却向往之。

"要找到自己热爱的东西,并为之执着一生"是几何老师传授的"道"。

✦ "世界上有你喜欢做的事,有你必须要做的事"

一遍遍仿写句子写到想吐,一页页字词总结琐碎得让你不耐烦,一篇篇文言文背诵真让人头大,一次次作文练习笔头干旱,文思枯竭。语文尚老师会严正地告诉你:"世界上有你喜欢做的事,有你必须要做的事。高考是你必须要做,而且必须做好的事。"那么,继续硬着头皮默写,一个字一个字订正;继续安下心来阅读,一道题一道题吃透;继续与模拟题拼杀,每次都全力以赴。

我不喜欢把高考夸张到扭曲考生天性的地步，正如我不喜欢熬灯费蜡来印证自己的努力，也不喜欢在硬性规定之下完成任务。但是，如果说我们自由散漫惯了的"90后"学生是孙猴子，那么敬爱的尚老师就是适时出现的如来佛祖。"做学问要守得住清贫，耐得住寂寞。""周记是必须做的，摘抄是必须交的。""考试就是要每分必争，差一分就是他不是你呀。"不通人情也罢，严苛管理也罢，在高考指挥棒下，尚老师践行着一个优秀教师的职责。

我们曾经幻想过完美的东西，后来知道它不存在。无论我们是否情愿，高考的确教会了我们自律、忍耐、沉静，克制爱玩的心性，与自己和解。而这个过程中，在接受、妥协之后，在决定去做"必须做的事"之后，更重要的是让自己坦然、平静地接受，调试自己做好"必须要做的事"。既来之，则安之。与其左顾右盼，心不甘情不愿地考试做题，倒不如把高考之类看似艰难的任务内化成自己的目标，尽力而为看看自己到底能做到多好。

"不能做喜欢做的事，就去喜欢自己做的事"是语文老师传授的"道"。

"再怎么样都不能坏心情，人可以很累，但心不能累"

化学竞赛有机部分训练，一进教室，一位一米八以上的个头，古铜色皮肤，穿着浅粉色衬衫、笔挺的西裤，戴着略带书卷气的眼镜的人站在讲台上，多么优质养眼的老师啊！"我姓周。"自我介绍的时候大家还在激动议论中，他只好说："大家安静点儿，我也是奔六的人啦，有事您下课跟我聊成不？"神呐，这可是60岁的年龄，40岁的嗓音，30岁的身材，20岁的精气神儿啊!

身为大学老师,"周哥"上课生动风趣,通俗易懂,也很容易与我们这帮小孩儿打成一片。但他自称什么都玩儿就是不干正事,如他的学生——我们化学科任老师所言:"周老师什么桥牌、爬山、羽毛球都会,还都是会长、副会长那个级别的……对了,他还喜欢和师母一块儿手机偷菜……"喜欢上课,不喜欢做科研,喜欢和孩子们在一块儿聊天,不喜欢出考试题、改卷子,喜欢跟学生讨论思考,不喜欢布置硬性作业……"一定要心态好,我没特长,就是心态好,天生的。""什么做题呀,看书呀,搞竞赛呀,做的时候要自己高兴,要是烦了就不做了,出去玩儿去,做也没效果啊。""怎么?觉得累呀?累不怕,心不累就行。"

不论反应方程式多麻烦,"周哥"总能从反应机理的角度讲解得顺理成章;不论有机物质分子式长得多张牙舞爪,"周哥"总能从电性、空间位阻的角度剖析出它的物理化学性质;不论竞赛课上到多晚,"周哥"总能乐呵呵地上课,因为不会心累。

也许我们无法活成"周哥"那样逍遥洒脱,也许我们永远修炼不到他那样健康的心态,也许我们难以收获那样痛快随意的人生,但"周哥"至少向我们展示了一种可能。如果在书山题海中举步维艰,如果在世事冷暖中无奈辗转,如果在名缰利锁中浑浑噩噩,一闭上眼,脑中就浮现出60岁的"周哥"充满青春活力的笑容。

"生命给了什么,我就享受什么"是化学老师传授的"道"。

"人在做,天在看"

如果不会有结果,你还会不会种下梦想?如果努力不一定换得现实的回报,你还会不会继续?如果远方除了遥远一无所有,

你还会不会风雨兼程？当你有着如此多疑问时，不高的班主任马老师会以无比高大的形象告诉你："会！"

金秋各学科竞赛告一段落，自然有人欢喜有人愁，班主任马老师对全班同学说道："竞赛得奖，我要说这是一件锦上添花的事。之前你参加的竞赛培训、做的练习、花的工夫是织就的锦，至于得奖那个名头及随之而来的省队呀、加分呀之类现实利益都是那个锦上的花。这花儿有了当然是好，如果没有，你也要相信自己已经织出了一匹好看的锦缎。我们是要那个锦缎，不是为了要那个花儿。在这个准备过程中你认真努力过了，锻炼了思维品质，开拓了视野，磨炼了意志品质就很棒了。"

到了高三后期，模考如过山车一般地起起伏伏，班主任持有的宏观长远的视角，不用成绩好坏来评价一个学生、一次考试。"你看西游记里，孙悟空、猪八戒、沙和尚，哪怕白龙马都有法力，而为啥手无缚鸡之力、总要别人搭救的唐僧是师父呢？因为不管在多大的诱惑当前，不管多少路途艰辛，他都记得'赶路要紧'。我希望大家也能做到不急不躁，不悲不喜，做好自己，不要管别人，做好当下，不要管结果。踏踏实实地努力着，因为'人在做，天在看'。不努力就换来好结果，且不说基本不可能，即使这馅饼掉到你头上了，一个筋斗云翻到西天也是取不回真经的。"

彷徨、失落、挫败、困惑、惰怠，大概是每个高三学生都会走过的心路。但马老师永远用平和坚定的声音在身后提醒我们，要我们相信"人在做，天在看""天道酬勤""关注当下"。

"既然选择了远方，便只顾风雨兼程"是班主任马老师传授的"道"。

师者，所以传道授业解惑也。所谓"三人行必有我师"，不只是父母、师长、同学、朋友、点头之交，及至草木树石皆可为师。取人之长，汲取领会，自然日日精进。

至于"道"，所谓"吾师道也"，需要学习的不只是具体的知识，更多的是求知之道，人生之道。

师恩如山，言语难以描摹其万一。唯有时时铭记，超越自己，以实际行动表达那份终生的感谢。

感恩拥有　从心所求

姓　　名：许　孜
录取院系：光华管理学院
毕业中学：福建省厦门外国语学校
获奖情况：全国中学生英语能力竞赛（省级赛区）第二名
　　　　　福建省"三好学生"

> 所幸爹娘开明,没有横加干涉,任我自由发展,我做的许多不起眼的事情——垒起一座沙滩城堡、栽下小花小草都会得到他们肯定的目光。他们的这种教育方式一直未变。时至今日,他们的赞许是让我感到最开心、最幸福的事情。

在参加北大体验营和自招的时候我曾读过《就这样考上北大》,其间描绘的每个人或光芒四射或艰难曲折的奋斗史让我心中杂陈着佩服和惭愧。相比之下,我走过的这十八年的路似乎是一条太缺少波澜的坦途,没有特别大的挫折或者特别荣耀的故事,然而正如一首老歌中唱到的"曾经在幽幽暗暗反反复复中追问,才知道平平淡淡从从容容才是真"。这一路走来,虽然远达不到"淡泊明志、宁静致远"的境界,但我在平淡中觉得特别幸福,也非常感谢所拥有的一切。

也许是我已经度过了传说中特别苦累,甚至在有些人口中"暗无天日"的高三——好了伤疤忘了疼了吧,在看《壹周立波秀》的时候听到他痛批国内教育模式,我竟然没产生共鸣。类似他的声音不在少数,应试教育无论在国内或者国外动不动就会招来批评的论调,但是就我个人的中小学经历来说,我觉得咱们的基础教育没有那么可恶,流汗流泪的同时也常伴欢笑,且在高考完的暑假回首,竟比自己曾经想象的更加珍重那些年和同窗一起奋斗的岁月。

感谢爸妈让我度过了一个无忧无虑的童年。一年级的时候,很多家长就已经在比孩子的成绩了,遗憾的是那时我太过懵懂,

成绩离100分有一段遥远的距离。所幸爹娘开明，没有横加干涉，任我自由发展，我做的许多不起眼的事情——垒起一座沙滩城堡、栽下小花小草都会得到他们肯定的目光。他们的这种教育方式一直未变。时至今日，他们的赞许是让我感到最开心、最幸福的事情。随着学业负担的增加，我面对的东西渐多，而无论何时，我的压力都来自于自己而不是父母。大概也是在这种环境下，我养成了一种乐天知足的个性，并不过多在意得失，所以我的一个很要好的朋友评价我的词语是"当下"，即专注于手头的事情，不盘桓于脑中各种设想的可能性，而是付诸实际，在现实中创造，在现实中改变。

小学应该是一个嬉笑怒骂不成文章的阶段，故此特别快活。快活的时光一般会显得特别短暂，一晃到了六年级，同学就都在讨论"小升初"的问题了，当时厦门外国语学校是市里最好的初中，所以大家基本上能参加选拔考试的都去参加。那次考试，由于题型大家无法提前把握，所以从考场出来很多人都垂头丧气，低头抹泪的都有，但是幸运的是我依然比同龄人懵懂，所以出来的时候我心情很好，似乎是"考试任务已经完成，后续的事我也管不着啦"的心态吧。然后更幸运的是我通过了考试，尽管不是以前几名的身份录取，但毕竟是光荣地成了厦门外国语学校的一员，开始了我青涩并美好的六年厦外时光。

懵懂对我来说似乎是一株幸运草，庇护着我免受功利和压力的过早入侵。我并没有意识到周围的同学都是带着骄子的心态的，这种心态客观来讲也没什么，大家都是各个小学的骄子，那么进来自然还是准备继续这个身份。我就这样茫然地迎来了期中考，名次刚好是第100名，超出了所有期许，真是大喜过望，记得我一路招摇地拿着成绩单，一回家迫不及待地给妈妈看，看完又急不可耐地打电话给在外地出差的爸爸。大概那是最令人欢欣

鼓舞的一次了,后来渐渐长大,学会了要表现得稳重,也就失去了肆无忌惮的快活。

时光荏苒,转眼已是初三,我顺利进入直升班——顾名思义,就是不需要通过中考直接升高中的班级。进入直升班的前半年,课业比较轻松,我还是一如既往地跟着老师的步骤走,做一些竞赛的练习及与高中课程的衔接学习。和很多在小学就参加过奥数班的同学不同,竞赛是我之前没有接触过的领域,我并不了解初中的竞赛对高中的竞赛是有基础和铺垫作用的,所以仍然以轻松的心态对待它,虽说竞赛得到了省级奖项和市级奖项,但是要继续高中的竞赛是不够的。后来我回想起来,后悔直升的时候没有多学一些知识,因为越往后时间越紧,再也没有像在直升班的半年那样没有什么压力又有充足时间的日子了。不过我也趁着这半年把对乒乓球的爱好"发扬光大"了,年级里除了我没有什么打球的女生,所以每天傍晚我都是和一帮男生一起打球,互相切磋技艺,堪称乐事。劳逸结合永远是真理,如果读书以外没有自己热爱的一些活动,生活可能就如没有云彩的天空,太单调也太寂寞了。

升高一后,正式的考试科目增加到9门,重点班的学生大多是把时间投入了理科课程的学习,"王后雄""五三""世界金榜"(三类辅导书)争相上场,刷题烧题者芸芸,身陷题海不亦乐乎。可怜文科政史地,许多相信自己会读理科的同学课内练习都搞不定,基本是考前背背应付应付罢了。我当时对自己理科尖子的道路深信不疑,文科课程在我这里也被束之高阁,很少问津。物理是我比较畏惧的一门课,成绩波动大,这也是唯一一门我用了学校教辅以外的课程,这一年我把物理学透,期末考试终于如愿以偿拿到了单科第一。针对自己的弱项查缺补漏,从零开始夯实基础,最终胜利完成,这真的是一件非常有成就感的事情。有趣的

是，一年多后在参加北京大学光华管理学院自主招生的个人面试时，我被问到了这个问题："如果你的数学或物理比较薄弱，你觉得它会影响你的前途吗？"这问题真如打在我心坎上一般，面试相对来说并不是我的强项，但我对这个答案太有自信了，那就是肯定不会，以我亲身的经历，迎难而上把自己的短板搞上去，那么木桶效应又能奈我何。

尽管我"费尽心机"证明了理科实力，但是想到乔布斯那句"听从自己内心的声音"的名言，我在一番纠结后还是投向了从小就感兴趣的政史地科目，从高二开始我成为了一名文科生。小时候听多了"兴趣是最好的老师"这句老话，便将它归为陈词滥调之流，谁知越长大越相信它的正确，读书也好，运动也好，因为爱它才会想学好它，也才会有快乐，才会有所长、有所成。

应该说，对文科我是相当自信的，一来高一时我没花什么心思就读得很不错，二来我对课程本身也比较喜欢，所以和初中时的懵懂不同，我是抱着称雄的想法来到文科的，一开始的考试也很给面子地让我和另一位同学遥遥领先了，于是乎便有些飘飘然，"哦，原来传说中疲于奔命的高中也可以这么轻松"。然而时间很快改变了我的看法。虽然身为文科生我不愿意否认文科的难度，但是与理科相比，文科确实是能够依靠勤奋和多练多记就可以学得不错的，很快就有一些同学迎头赶上了。接下来就是一个我比较彷徨忙乱的时期。一方面我怀疑自己选择文科是否正确，另一方面身为班长有不少班务工作，又在进行将曹禺名作《雷雨》改编成英文短剧以参加外语节节目选拔的工作，同时我也在考虑本科留学的可能性并着手准备托福，可谓身兼数职。不过还是老话说得好，兵来将挡，水来土掩，没有过不去的坎。我开始理清头绪，把当初选择文科、理科时制作的利弊对比表重新审视了一遍，认为文科依然是正确的选择，就安下心来，尽快把之前浮躁情绪压下去，回归课本，从最基本的记诵做起，而不是停留在自己幻想的空中楼阁里。课余时间我就分块安排各项任务，那一个月是我成长路上从未遇到的忙，虽然跟各种大神比我太过渺小，但对我自己来说已经足够让我联想到《子夜》中吴荪甫的"三线作战"了。这依然是值得感谢的一段日子，因为我三线都熬出头了。我胜任了从前从没担任过的班长一职；《雷雨》在后来的元旦文艺会演中作为唯一一个短剧节目登场，赚了许多人的眼泪，广受好评；托福成绩也相当优异；来文科的第一次期末考我也重新证明了自己；寒假前的会考和SATⅡ我都打了漂亮的一仗。那个寒假真有一种拨开云雾见青天、风雨过后见彩虹的满足感。满足的同时我也做出了一个不易的抉择，在出国和高考间权衡利弊，结合实际情况，我发现在国内读本科是更适合自己的一条道路，就放弃了准备中的美国留学考试SATⅠ，完全回归到课内的学习中来。

高中时光恰如白驹过隙，不知不觉高二暑假来临，我选择参加北京大学的体验营，算是潜意识的一个决定，当时我还不曾希冀从此就和北京大学结下不解之缘。小时候我也来北京大学玩过几次，然而如此近距离的接触真是第一次。古老的教学楼彰显着时代的气息，不大的未名湖倒映出百年的历史沧桑，我在博雅塔下仰望星空，深感路漫漫其修远兮。

高中最后一个暑假后我回到厦门外国语学校，高三的学习虽然紧张但也有条不紊，我依然保持着高一开始的偶尔打打篮球和天天长跑的习惯。我报名参加了运动会的长跑项目，本来只是给文科班凑数而已，谁知一想到这是在厦门外国语学校六年运动会的谢幕演出，顿生豪情，拿到了名次，对自己、对同学、老师都是一个惊喜。

很快就到了自招报名的时候，这次是毫不犹豫地报了北京大

感恩拥有 从心所求

学,学姐告诉我寒假系统地进行准备就可以,她的一句话让我感触特别深,"认真准备不一定过得了,但不认真对待肯定过不了",也许道理很简单,但是我真的觉得这是箴言。寒假是高考前的最后一个假期,所以不可能将全部精力投入自招,我就根据学姐的建议,白天复习高考,晚上准备自招,春节期间也热热闹闹过大年,其乐无穷。

顺利通过自招后,因为不再是"裸考",所以过独木桥的压力小了。高三下学期基本没有新的知识,进入了很程式化的"复习—质检—复习—质检"的有限循环,有时候会在走廊上迷茫地看风景,同学互相感叹"这样的日子啥时候才算完啊",就这样一路感叹着来到了高考面前。老师们为大家铺了一条红地毯通向考场,在红艳艳的世界里,我们挥手告别无微不至关怀我们的老师,独自书写自己的前程。语文一直是我没把握的科目,起伏大,虽说考前花了不少时间专攻作文,考完的时候依然是心里没数。午睡的时候我还一直在纠结,多亏了妈妈的开导,才渐渐宽心,向前看而非向后望。两天时间曾以为会漫长且难熬,身处其间却觉得还来不及回味就结束了。高考过后,大家清空抽屉,有些同学把课本练习册大摞丢进垃圾桶欢庆解放。不过想到它们都是自己努力的见证,我还是把"家当"都搬回家去留作纪念了。

后来毕业聚会、毕业典礼和谢师宴相继进行。我花了几天时间参与毕业典礼的筹划,才忙完就到了领毕业证的时候。离开学校的日子越近,对它的爱也就越明显。厦门外国语学校是一个特别棒的集体,老师既长于课堂教学又热心课后答疑,和同学一起塑造了一个自由宽松、多元选择又不失向上氛围的校园空间。课堂上可以自由地问老师问题,有时甚至可以发展成一场辩论。课后,很多同学会把老师包围在讲台上探讨问题,老师都非常用心地答疑解惑一直到下一节课的老师进教室才带着歉意的笑容走出去。课余活动可谓丰富,体育节、外语节、辩论赛、歌手赛、模拟联合国社团、学生社团等,不一而足,每个人都会找到属于自己的一方水土并在其间耕耘着、收获着。学长、学姐们古道热肠,每年编写的年册和秘籍为学弟学妹提供了极其宝贵的经验介绍,涵盖了保送、自招、出国各个方面的信息。我自己从秘籍中吸取了不少经验,了解了很多事宜,对我帮助很大。通过自招后,年册编写组邀请我写一份自招经验,我感到非常荣幸,立即提笔把自己所经历的情况细细说明,希望能对学弟学妹有所帮助,也愿这种"厦外人"的精神继续发扬。厦外的同学非常优秀,各有所长,在多种多样的活动里施展拳脚,校园生活异彩纷呈。在中学时代,同学朋友对我的成长起到了非常重大的作用,我们一起经历了很多事情,彼此之间感情深厚,可以说得上是同甘共苦,有分享、有担当。同学们一起策划班级的歌手赛,共同书写厚厚的班级日志,一起给同学过生日、送祝福,合作编写剧本,互相分享学习经验,讨论疑难问题,共同面对高考倒计时牌,风雨同舟,不离不弃。学习生活中我们难免遇到一些挫折,而同龄人往往比长辈更能设身处地地理解彼此,有一帮朋友依靠真乃人生一大幸事。

时间飞逝,高考放榜的日子和录取结果的公布相继来临,我如愿被北京大学光华管理学院录取。回望走过的十八年,许多欢笑,许多幸福,虽然也难免有些憾事,但对所拥有的一切已是非常感恩。正如我非常喜欢的老歌《风雨无阻》中唱道,"提着昨日种种千辛万苦,向明天换一点美满和幸福"。过去的六千多个日日夜夜诚然不算千辛万苦,未来的日子也还很长而且未知,但是十八年追随我心的付出得到了肯定,收获良多,我已深感幸运。且用 *Gone with the Wind*(《飘》)的最后一句话作总结:Tomorrow is another day.(明天会更好。)

和于江老师在一起的日子
——回忆高中生活

姓　　名：王　坤
录取院系：数学科学学院
毕业中学：山西省实验中学
获奖情况：第 26 届中国数学奥林匹克（CMO）银牌
　　　　　第 27 届中国数学奥林匹克（CMO）银牌
　　　　　2009 年全国高中数学联赛（省级赛区）一等奖
　　　　　2010 年全国高中数学联赛（省级赛区）一等奖（第二名）
　　　　　2011 年全国高中数学联赛（省级赛区）一等奖（第一名）

> 他习惯于给学生充足的时间去思考、去感悟，而不急着讲解。每节课讲的知识和题目量很少，一般难度也不大（至少对我而言不太难），但是内涵丰富。有时题目比较复杂，他讲之前还会把答案步骤工整地抄到黑板上。我对于老师写板书的样子印象很深刻，他喜欢展示题目或解答的整体结构，而不是细节。

毕业了，有些激动；要和于老师告别了，也有些伤感和不舍。我突然发现自己的文采消失了，只剩些最质朴的话语。三年高中时光，印象最深的就是和于老师学习数学的经历。急切地把毕业典礼时伴着泪水情不自禁地写下的文字敲到电脑里作为回忆录，虽然这并不必要，因为和于老师在一起的点点滴滴我都不可能忘却。

初中时就对于老师颇有耳闻，一方面是印象中于老师的学生参加全国数学奥林匹克竞赛的人数在山西是最多的，成绩也是最好的；另一方面是听几位学长说"于老师出的考试题很难"。这使我对于老师颇有好感。

初次见面

第一节课见到于老师，他略显沧桑的面容，气宇轩昂的神情，坚定潇洒的步伐仍历历在目。我当时还没有意识到这位慈祥的长者会对我的高中生活和整个人生产生如此深远的影响，以至于坚定了我选择数学的道路。于老师的第一节课讲集合论的基础概念。也许和这个课题本身有关，于老师给我的第一印象是思维开阔、浪漫潇洒。我当时还没有意识到，恩师对我的人格会产生如此大的影响，使三年后的我在严谨、逻辑、踏实之中又多了几分浪漫潇洒的风采。于老师讲到"集合是一个不加定义的原始概念"时，要求大家对这一概念进行（感性的）理解，认识什么是集合。这也许就是所谓"数学感觉"与严密逻辑性的结合吧。还有就是于老师强调对数学概念的（自然性）理解，定义和公理、定理的体系，对数学体系的重视程度远大于解题技巧，这样的观念一直贯穿三年的教学。那节课于老师还提到数学的形式推导、表述规范性、符号体系、演绎逻辑推理的严密性要求等，这些都对我产生了很大影响。于老师还鼓励我发表自己的意见，独立思考并且提出看法或问题，给我很多机会在课堂上公开表达对数学问题的思考或者在课下和他交流（这占用了他很多时间，我们经常因讨论问题耽误了于老师用餐或者回家）。

参加联赛的鼓励

高一刚开学，马上就要进行数学联赛了，而我的基础还很差。我问于老师的第一个问题是"$f(x)=\sec x$ 的图像"，第二个问题是"为什么对相交两圆锥曲线 C_1、C_2，方程 $k_1C_1+k_2C_2=0$ 表示过两交点的所有圆锥曲线；如果 C_1、C_2 不相交，方程的意义是什么"。当时于老师非常耐心、细致和深刻地回答了我的"愚蠢"问题，甚至由此引发他给我讲了许多知识。我后来询问关于前 n 个正整数 5 次幂和的公式时，于老师问我是否知道 1 次、2 次、3 次和 4 次的公式，我回答知道。于老师又问我怎么推导出来的，我回答我不会。于老师告诉我，一定要知道为什么，数学精彩和伟大的不仅是结论，更是过程。于老师耐心地教我推导4次幂的公式，然后让我自己推出5次幂公式。我不能熟练完成推导，于老师当时的眼神充满希望、肯定、慈祥和温暖。我还记得于老师用很长时间，安静耐心地等待我自己完成，并不时给予提示，让我类比他刚给我讲的递推方法。

高一参加数学联赛时是小雨的天气，于老师去了考场，虽然他的学生只有我一人参加考试。雨中的于老师仍然步伐潇洒，神态慈祥平和。我当时还没有记住一些三角形内的三角恒等式，正在努力记忆。于老师告诉我说："不需要临时记了，即使记住也不能掌握如何使用。数学是要掌握一种思维方法，而不是记住一些自己也不理解的东西。"那次联赛我获得了省级一等奖，但没有进入前40名。尽管成绩不理想，但于老师还是鼓励我继续前进。高中的三次数学联赛于老师都到场，看着他的学生走进考场，用目光给予鼓励，在考场外守候着，守望着自己的学生。我三年里多次参加竞赛，很大程度上是源于于老师的鼓励和指导。

课堂风范

于老师上课的样子很潇洒，他的讲义一般只有一页纸，上面抄几个问题（一节课一般是两个问题，竞赛课也差不多，一个半小时讲三四个问题，不太多），没有答案。于老师上课经常只拿着这一页纸（有时还有课本，但课本一般没什么用），题通常是讲课时现场做的。于老师写板书时面朝黑板，不看下面的学生，抄两个问题，让大家动手做，过很长时间才开始讲。抄题的时候右臂举得很高，看一眼题目，抄一句话，整道题写完了以后还要再审慎地看看抄得是否正确，非常认真。他习惯于给学生充足的时间去思考、去感悟，而不急着讲解。每节课讲的知识和题目量很少，一般难度也不大（至少对我而言不太难），但是内容极其丰富。有时题目比较复杂，他讲之前还会把答案步骤工整地抄到黑板上。我对于老师写板书的样子印象很深刻，他喜欢展示题目或解答的整体结构，而不是细节。他讲解是尽量分析题目整体结构如何，该怎样入手，预计解题过程会有哪些步骤，每一步大体上会得到怎样的结论。这种从整体出发设计解题思路，并在具体实施之时进行调整的解题方法，思维有条理，对我益处很大。于老师总是分析怎么解决问题，为什么要采用这样的技术，强调知识和技巧都是为问题服务的。他的观点较高，会指引解题者选择运用正确的工具解题，而不是简单地讲每一个解答步骤如何。

共同研讨

还记得高一时，我和于老师一起订正学校自编的练习册上题目命题和印刷错误时的一丝不苟；记得我帮助于老师讲课或阅卷时的情景；记得每节课和每次竞赛辅导我听课时的享受；更记得高一时的每个课间和自习，以及高二、高三两年我每天在办公室和于老师讨论问题；记得于老师解释一个复杂的不等式巧妙的三角代换，精彩的和式变换及出神入化的柯西不等式运用的目的；记得我们一起对一个有 12 个点的复杂平面点集的结构做出细致的分析；记得我们讨论一个关于球的组合几何问题应该细节上几何处理还是宏观上代数还原更合理，争论了很久；记得我用好几页纸的篇幅最后解出一个不定方程以后兴奋地冲进教室告诉正在上课的于老师"我解出来了"时共同的喜悦；记得于老师分析完全四边形结构时的优雅从容；记得一个函数方程问题于老师源于"将函数表示为偶函数与奇函数之和"的巧妙代换；记得求一个

抽象函数序列前 n 项和的一个表达式的绝对值在 $[0, 1]$ 上的最值,我们讨论了一下午仍一无所获,我深夜解出后给于老师打电话,说次日早上给他展示过程,结果打完电话后我发现解法错误,于是一夜没睡研究解决了那个问题的执着;记得于老师用莫德尔不等式解决一个几何不等式问题后把简洁的过程写给我看时纸上那整齐条理的推证;记得我们一起看完一个第一步用西尔维斯特定理以后还有 14 页篇幅的复杂的数论问题;记得那个关于整数集用算术级数之并表示的组合数论问题里 9 个引理让我们伤透脑筋,最后我们找到了一个问题的背景才解释了 9 个引理内在的联系;记得一个关于棋盘的组合最值问题我们构造的例子与论证能得到的结果相差 1 时,我们花了好几天时间思考为什么会出现这个 1 的差别;记得那个关于霍尔定理的问题,于老师教我怎么寻找图的变换和化简方式;记得我们一起计算一个关于复系数二次三项式的模最值的问题时,于老师提出考察复平面上的两个旋转保模变换的高观点;记得考察一个多项式差分性质时需要一个组合恒等式,我们一起查找相关资料,在书籍与文献里穿梭的情景;记得对一个 18 支队伍 17 轮体育比赛的问题构造例子的辛苦;记得一个关于集合的问题于老师用阿贝尔变换巧妙还原为代数不等式时忽略组合细节代数高度抽象简化的潇洒……还有很多的情景突然出现在我的脑海中,我无法一一记录下来。但是,我和于老师讨论研究问题的时光是那么美好、难以忘怀。我还经常提出很多非常难的题目,于老师会抄下来带回家去想,无论想得出想不出,总会给我答复,而且从不拖延,非常认真。

还记得在江苏镇江的培训,在河北衡水的北方数学奥林匹克竞赛,在学校举行的西部数学奥林匹克竞赛,在北京的世界数学团体锦标赛,在西安举行的冬令营……于老师和我们一起打扑克、爬山、登长城(于老师爬得最有劲,跑得最快,我是个胖子，爬不动，还得于老师拽着我……）、参观颐和园、逛街、吃当地小吃、在火车或飞机上闲谈……于老师已经50岁了，毕竟不再年富力强，但还是经常陪我们一起参加比赛和培训。即使哪次于老师确实有事不能陪同，他也会尽力为学生的外出培训做好准备工作。于老师还努力邀请和促使国家队教练来我省、我校为同学们授课，为组织此项活动的工作付出很多。高一时的一个下午，于老师正在省里开会，突然打电话告诉我报名去天津参加冬令营培训。那时我水平还非常差，联赛考80分的我要和考280分的同学们一起听课，是于老师鼓励我有自信去学习。在培训的10天里，由于教练讲的问题很难，速度又很快，我记不下笔记也不能完全听懂。每天下午5点下课，回到宾馆我就开始整理笔记，直到凌晨3点左右才能做完。不论其他同学怎么做，我都坚持必须弄清楚每一个问题。我觉得这是于老师对我的要求，尽管他从来没有说过。甚至在长春举行的冬令营上，虽然于老师有事没有同去，但考试时我似乎感觉于老师就在考场外等着我。第5题代数极值是我的弱项，问题很难下手，虽然是对称式，但是即使猜测极值何时取到也并不简单。这时于老师的声音似乎在耳边响起："解决数学问题不要急躁，可以先试试几个简单具体的例子。"于是我尝试"$n=4,5,6$"的情形，发现了规律，得到结论并用强有力的调整法证明之。考试成绩出来后，我虽然没有获金牌，但我还是第一时间将成绩报告给了于老师。我知道于老师在等待着我的消息，但他不会给我打电话问我的，只会耐心地等待，守望着孩子们，企盼学生获得好成绩却从不说出来，担心给我们压力。于老师从不对学生提出任何成绩上的要求，但我们觉得应该用成绩回报恩师的辛劳。

  我经常去找于老师讨论问题，但有时于老师只是陪着我看完一个复杂的问题。我自己看的时候理解不了，但于老师和我一起研究时，即使没有作很多讲解，我常常就能看懂复杂抽象的证明或解决先前认为太过困难的问题。也许是于老师目光中的慈爱、肯定和期待，同他给予的解题思路指导一样能使学生的思维活跃，有很多困难的问题我都是在于老师的办公室解决的。于老师不仅有足够的智慧和能力解决问题，还会耐心等待学生思考和解决问题。等待、期待，于老师的眼神和话语中饱含着认可和支持，支持天赋不佳的我一直走过来，并将一直走下去……

◆ 恩师教诲

于老师教导我们，在数学中严密性是很重要的。严格的定义、严谨的数学表达、严密的概念定理体系，以及完整清晰的论证解答步骤，数学学习的一切都需要严密。他特别强调严谨，这不只是学习的要求，更是学术的态度。尽管他也认为学习数学可以而且必须有一些浪漫气质，但是毫无疑问，严谨态度和优良习惯的训练是必要和重要的。他强调哪些结果是基本的，哪些结果是由另一些结果派生的，每一个结果有什么价值，以及发现这一结果的过程的自然性等，而不是简单地让大家记忆并且套用。这一点是十分难得的，因为很多所谓的"大众教育"只是教一些简单的数学知识而已，而于老师的数学教育是从人格层面培养"数学人"。

于老师还很强调数学表达，以及符号体系的建立和应用。他教导我们，因为数学是形式逻辑，所以其表达（形式上的展现）在数学中至关重要。表述要完整严密，因为数学上任何一个细节都可能会使一整套工作作废，这样的例子在数学史上屡见不鲜，养成严谨的表达习惯有助于避免这种错误。一般粗略地想一想很难预见到细节上可能遇到的无法解决的问题，而在数学上宏观的想法和每一步骤的细节同等重要。好的符号体系简明易懂，便于数学交流和推理。因为高中阶段的数学十分浅显，所以这一点表现得并不明显。但于老师能从数学的本质出发，教育我们这样做，对我很有帮助。他举例莱布尼茨创立微积分时尽量选择最好的符号，并为此做出很大努力。注重规范的数学表述的习惯对我产生了很大的积极影响，培养了我严谨的思维品格。

于老师还从学习和科研能力培养的角度教育我，不仅要做题，还要善于读书、查文献、看别人怎样解决问题。读书，能看懂并学习作者的意思，是很重要的能力。这对我进一步学习数学，以至于将来的科研，都会有很大的益处。他让我读书时每隔几天和他交流读书的体会，要谈个别的印象深刻的题目或知识，也要谈整体的感受，甚至于交流对数学学科的理解。这种能力训练是很先进的，对我提高学习能力帮助很大。

于老师非常强调听完课或者做完一个问题以后的思考内化、总结和反思。他说，数学的总结反思主要有三个层次：第一是整理归纳知识、方法、结论、例子等；第二是深刻地挖掘和思考其本质思想和内涵；第三是融会贯通，达到一种感悟和理解的层次，进而达到一种感性的认识，一种内化为思维方式和人格的数学。于老师要求笔记不仅要记录讲课的内容，还要有自己的感想，也就是说笔记应该是老师的讲义经过自己个性化的重新创作以后得到的。这培养了我很好的记笔记的能力，高中阶段参加数学竞赛要在全国各地听名师的课，和全国的高手们交流，我记录下来十几大本笔记，一定会妥善珍惜保存。

于老师的平面几何解题水平最高，可称得上是出神入化，但他很少刻意强调自己擅长的平面几何。他教育我们数学的各个分支有关联也有差别，解决问题风格相异，但思维上有联系，观点常可以互相借鉴而产生新的发现，所以对各分支数学（甚至于哲学、文学等）都应该认真学习，认真思考，刻苦练习，不可偏废。这对我影响也很大，他并不是最擅长的组合数学我相对比较擅长，我平面几何的水平反而不太高。更重要的是于老师将不同数学分支的观点尽量统一，思维方式有共通之处，这使我获益匪浅。

于老师对踏实的计算推理基本功和巧妙的思维或构造技巧非常重视。他特别强调基本问题和基本方法的掌握，深刻理解和熟练运用，要求大家沉下心来思考问题，方能感受到数学的本质，欣赏数学清晰简洁而有力的逻辑与形式美感。他认为解法巧妙（不是古怪）是一种美，朴拙也是一种美。有时比较笨的方法（比如解析几何、三角函数、复数解几何题，以及调整、利用导数、磨光变换等方法等）可能更可以统一地处理一些问题。他比较强调方法的广泛应用，而不太重视某些奇怪的技巧。当然，他认为最重要的是思维方式，从特殊到一般，化归与转化，数形结合，寻找统一模型（算法或推理）等。

升入高中前我就认识到数学优美而深刻。于老师在第一节课上告诉我们：数学好玩！其实我开始不太理解这个说法，觉得不够严肃认真，有点幼稚。但逐渐发现，于老师确实在用玩的态度做学问，信手拈来，无论多么宏大的理论在于老师的讲授中总是驾轻就熟，随意思考即是精妙解法。于老师的学问很浪漫、潇洒（当然同时也要求严谨踏实），想法有时天马行空，有时太简单以至于你认为这不可能有效，但精彩常常会发生。逐渐我做问题也开始"玩"了，这使做学问不太劳累，很轻松。（又想起来王元老先生给数学竞赛的题词："数学竞赛好。王元"老先生真是天生的数学玩家，他的名字组合起来就是一个"玩"字——数学竞赛好玩！）

于老师不仅强调知识和技巧，更强调思维方法、方式和观点。因此，他让我读数学史，思考数学文化，看看杰出数学家的传记（另一位老师也给我提出同样的建议），了解一些著名的数学问题发展和解决的历程。这种更高层、更本质的数学学习对我的影响很大，教会我如何思考数学问题，以及（更深层次地）如何理解数学学科本身。

◇ 我的数学生涯

我对数学的理解、爱与执着在高中三年中逐步加深，主要表现在以下几点：

第一，逐步认识数学的内涵，有点数学文化了。现在看来，数学是严谨演绎推理下形式逻辑的浪漫，研究的主要问题是存在性，存在的状态，存在的合理性。

第二，有了挑战难题的勇气。以前我对复杂度高、高度抽象和巧妙构造的数学问题心存畏惧，只喜欢按部就班地论证、演算。现在我更喜欢迎接学习和科研中任何困难，因为我不再只重视成果，也就不怕失败。

第三，享受过程多于享受成功的结果，也就是真正意义上的喜欢数学，而不是喜欢数学带来的成功。三年前我希望成为数学家，而现在我希望成为并且已经成为"数学人"，即数学工作者。英文里没有"数学家"这个词，只有"mathematician"，也就是说并不刻意区分所谓"大家"做出的成果比普通"数学人"做出的更伟大（当然我们敬仰这种伟大），而是强调职业的类型。无论成功还是失败，做数学（用格罗滕迪克（Grothendieck）的话说是"make math"）都是幸福的。

三年前，有幸和恩师相遇；三年后，并不是分别的时候。我们一起学习了三年数学，而于老师的声音、目光及治学态度会陪伴我做一生数学，数学使我们永远不会离别。我没有留给恩师什么纪念，因为我希望，也相信今后（也许是三年、五年、十年后）于老师会在数学领域的最新进展中看到他的学生的名字，我的每一点成绩也同时属于我的恩师。

另外，高中毕业意味着我作为学生的单纯身份即将结束，迈入大学校门的我不仅是求学的学子，也是数学的工作者。我没有权利永远贪婪地享受数学的美丽和精彩，我也有义务去贡献属于自己的数学成果。接受前人的知识就是欠下的债，这样来看我有义务还债了。我接受了最好的教育，同时也就接受了最沉重的责任，为了自己，为了恩师，为了数学。

感谢

我所取得的成绩均与于江老师的指导和付出分不开，再次感谢于老师！同时，为我最终成绩不佳，无缘国家集训队表示歉意！学生愚笨，三年时间未得恩师数学思想精髓十分之一，水平更不及恩师远甚，对恩师的付出无以为报，只能在今后的数学学习中加倍努力，在未来的科研中尽量多做出一些成果，以报答师恩。

解析数学，求导人生。九章算术，勾股量天。先生之风，山高水长！

仰望星空与脚踏实地

姓　　名：刘雅静
录取院系：外国语学院
毕业中学：陕西省西安市高新第一中学

> 在面对学习中的一个个小路障和生活中的一次次不如意之时，我总选择自己宽慰自己，自己鼓励自己，做一些自己喜欢的事，静静地或是狠狠地释放悲伤、压抑的情绪，为自己"洗脑"，给自己创造一个充满希望的明天，然后坚定把梦想坚持到底的信念。

"要有最朴素的生活，与最遥远的梦想。即使明日天寒地冻，路远马亡。"

这是我写在笔记本扉页的一句话，它陪着我走过了"兵荒马乱"的高三，陪我守着自己的一隅平静角落。

我觉得高三的生活就是这样，可以很诗意——在浓黑的夜里拖着疲惫的身体走下教学楼，偶尔抬头，让星光散在眼眸里，把心中时而燃烧的梦再次点亮。但更多的时候是艰难——在悄无声息的晚自习上，在熄灯的宿舍里，在一堆堆"耀武扬威"的习题和试卷的缝隙里，在应急灯渐渐微弱下去的光线中，一手撑着"深不可测"的夜，一手写下无处倾诉的话。

高三需要我们在俯仰中走过，在仰望星空的梦想和脚踏实地的现实中，收获酸甜苦辣，收获点点滴滴……

 学海无涯

学海无涯苦作舟，高三的生活便是要将"苦"进行到底。

一入高三，整个气氛便会变得紧张，这个时候千万不能慌张，必须扎稳脚跟，跟着老师按部就班地走。还未学完的课程要认真地听，争取做到一遍掌握，融会贯通，不要再留个烂尾巴，因为高三的时间是不容浪费的；以前学过的课程最好在老师开始复习之前自己先过一遍，但不能囫囵吞枣似地泛泛而过，而要把握重点，已经滚瓜烂熟的东西快速掠过，对于自己的弱项，无论是具体科目还是某个科目的专题，都需要重点突破。对于文科生来说，我觉得语文的突破不必着急，这个时候最重要的是数学及文综弱项的巩固提升，刷题练的是速度，总结则是为了使答题更完美有效。

在第一轮复习时，大多数老师会采用题海战术，这个时间段很多时光都是在笔与卷子的亲密接触中度过的。这个阶段的刷题很重要，如果掌握要义，则会出现质的飞跃。

语文科目的复习会进行专题训练。在专题训练中，我们把一张卷子分成若干小份，分完之后我们就会发现一张卷子不过是5道大题，18道小题，除作文以外，都是小分值题，所以我们必须在一分一厘上"斤斤计较"。专题训练当然是用一大堆的题来做靶子，我觉得模拟题可以练手，但真正需要关注的是高考真题，无论是古代诗文阅读还是现代文阅读，都有规律可循，因而做题时必须态度端正、限时答题。当做够一定的量后，对比标准答案，分析出题人的目的及答案的共同点，找出属于自己的固定答题模式——列点清晰、层次分明为最佳。这样便能为最终的质变创造条件。

数学科目的复习同样是专题训练。老师在课堂上回归教材时千万不可小觑，基本知识点的掌握是非常必要的，否则你便会很容易跳进出题人为你挖的小陷阱里。那些老师提醒过才恍然大悟的小知识点，应该给予高度重视，必要时记在一个小本子上，可在高考前几天再复习熟悉一遍。对于自己擅长的模块应该做到精益求精，不要害怕钻研难题，要打遍各种题型无敌手，保证不失分；对于原本就不自信的专题，则应仔细琢磨原理，不懂就问，把卷子上有关此专题的题目在老师讲过后一一钻透，掌握多种解题方法，可以不搞高、精、尖，但不能给自己留下阴影，使自己以后一见这种题就发懵。

英语卷子的分数更琐碎，抓住英语则需要最大范围地抓住琐碎的细节。刷英语卷子最重要的是稳、准、狠。分专题的卷子要刷，整套的卷子也要刷，目的就是把各种短语、各种搭配、各种考查模式烂熟于心，然后在以后做题的过程中，用条件反射般的速度选出答案（此处最忌讳的便是犯经验主义错误，当然，如果你的题刷得够多，各种经验应有尽有，绝对足够覆盖一份英语试卷）。对于完形填空和阅读理解，我认为除了练还是练，我们别无选择，但最后你是否能选对，并不是看做过的题量多少，而是看你是否能把对英语的感觉练出来。英语作文比起语文作文相对容易，只要求中规中矩，按规定字数完成，开头明了，中间内容充分（一般来说，分点写作是个不错的选择），结尾明确，分数就稳稳当当收入囊中。

接下来便是文综了，俗话说"得文综者得天下"，前辈的话我们不得不信啊！文综分政治、历史、地理三科，每一科也要区别对待，不能一概而论。

政治——对课本的依赖性相对较强。在老师过课本的时候注意力一定不能分散，应该按老师的节奏轻重分明地对知识点理解记忆，概念性知识必须尊重课本，不能妄加修改。根据艾宾浩斯遗忘曲线，制订自己的学习计划，争取在第一轮复习时把课本知识熟记于心。在做题时要将自己记忆的知识点与题意融合在一起，时刻记住：我们记住的政治理论都是为题目服务的。政治题目做到一定量时，我们便可做总结，有些万能答案是考试的法宝，紧急时刻便可用它来救场，一些学习资料上的万能答题公式也可用来作为参考。

历史——我觉得对史实的了解掌握及发散思考很重要。老师会非常仔细地将历史书上的历史再讲一遍，但是这一次，我们绝不能走马观花似地看看古今中外、古往今来的大事纪要，要注重老师讲课的内容。一个好的历史老师必然会理清一个课本的框架结构，然后不断分支，勾画出一个网图。当然，我们也可以自己去做这个网图，既能举一反三，也可提纲挈领，平时看网图时也可作深入思考，给自己提些历史性质的问题，然后从历史的角度去回答，也可多与老师交流自己的思考成果，有时会出现意想不到的火花，不断如此，便能提高自己的思考质量，也就不愁答题时没有角度、没有话说了。

地理——一个偏理的科目，对很多人来说都是个难啃的骨头。地理的小知识点也很多，而且考出来的题目会很杂，经常会出人意料。对于地理，我觉得应该是跟着考点看课本，这样就比较容易掌握考试重点。另外，地图的记忆是地理中分量很重的一块，无论是花大工夫死记硬背还是巧用想象力，记住大概的海洋与陆地分布，记住热点国家的地理位置都是十分必要的。在做地理题目时，技巧很重要，想象力更重要，因为大多数情况下最后的标准答案都是在课本上无迹可寻的；分点很重要，答够分点更重要——这就需要我们平时在做题过程中不断发散自己的思维，要敢想敢答，不断积累答题的经验，到最后，你就会发现，万变不离其宗，一切都在情理之中。

文综的分卷与合卷完全是两个概念，分卷之前或许还答得得心应手的人在合卷之后也会面临挑战，原因有二：第一，合卷以后的题目更规范；第二，合卷后对考生的答题规划和速度都有了更为严格的要求。很多人在合卷后都不能顺利地把题目答完，以致失分。要想在规定时间内有效完成题目，需要注重两点：第一，把整个卷子分解为选择题和政、史、地三科的大题等四部分，然后再多次训练摸索出适合自己的答题时间规划，最后阶段性训练自己按规定时间完成一套文综试题；第二，对于大题，要尽量抓住有效的得分点，说话要精，点数要多，不要滥（这得靠大量的做题经验和文科综合试卷总结来支撑），配合多次限时的训练，时间问题就迎刃而解了。

第一轮复习基本将高考的整套模式都在大脑中定型了，课本知识、答题要领也在老师的带领之下熟悉过很多遍。这个时候，每个人都要视自己情况而制订之后的计划，完全掌握的同学可顺利进入第二轮复习，未完全掌握的同学就要在第二轮复习中抽出时间去补第一轮复习落下的知识点。第二轮复习大致是个巩固提高的过程，是答题规范和思想认识的双重提高。我个人认为这个阶段与各科目老师的交流是非常必要的，你自己在查漏补缺的同时，老师也可帮你查漏补缺，何乐而不为？问老师问题时，千万不要犹豫或退却，认为自己的问题太愚蠢，要知道，偶尔的愚蠢是为了让自己在高考考场上变得更聪明。即使被老师批评，也不能灰心丧气，要把脸皮练得够厚，在答疑的路上屹立不倒。

一般情况下，大多数学校都在进行两轮复习后进入了高考最后冲刺阶段，我认为，一个文科生，在这个阶段最应该抓住的两大项是语文作文和文综的选择题。高考的语文作文其实并不要求有多深的思想深度或是多厚的语言功底，很多人容易走入一个误区，认为那一千多字的格子是用来让自己创造文学作品的，其实不然，它只是给了我们一个写作的平台，而且还有各种硬性和软性的规定。看题、审题、完成题目，每一步都很关键。看题和审题是用来分解题目的（这主要应用于材料作文和话题作文，命题作文则不作要求），对材料或者话题的理解判断至关重要，当你提炼出一则或是多则材料的中心意思时，你的文章主旨也就有了；完成题目是个比较轻松的过程，只要你围绕主旨作阐述即可，但是必须做到条理清晰、层次分明、语言通顺、句意明确。当然，仅仅如此是不够的，共性之后要讨论的便是个性问题，即打造自己的作文亮点——标题、语言、形式，我们可从这三个方面凸显自己的作文个性，使之不落入作文洪流中。至于文综的选择题，规定时间多练，多总结，无须多说。

梦无止境

看过《花开不败》后就会明白，现实再骨感，理想的羽翼都要丰满。花儿开过了，我们承认也好，忽略也好，只要花开，就会不败！

所以，在自己的心中开一朵梦想的花，给自己一个坚持的理由。

面对繁重的学业压力，我们需要梦想支撑；面对学习中和生活中的困难和挫折，我们需要梦想摆渡。

在测试练习中一次次跌倒，在证明自己的道路上走得越来越迷茫，鲜艳的红叉把神经刺激到麻木，耀眼的分数越来越不值钱——即使如此，我们也不能放弃最初的梦想，最想要到达的地方，怎么能在半路就返航？

在面对学习中的一个个小路障和生活中的一次次不如意之时，我总选择自己宽慰自己，自己鼓励自己，做一些自己喜欢的事，静静地或是狠狠地释放悲伤、压抑的情绪，为自己"洗脑"，给自己创造一个充满希望的明天，然后坚定把梦想坚持到底的信念。

喜欢唱歌，就去大声地吼：唱着《最初的梦想》，不忘自己的初衷；唱着《年轻的战场》，纪念热血沸腾的青春；唱着《奔跑》，执着地在追求理想的道路上加速度。

喜欢弹琴，就去尽情地弹：我可以在琴声中游山玩水，在琴声中幻想童话世界，在琴声中打造自己的天堂，在琴声中抚平自己的伤口。

喜欢打球，就去操场上尽情地奔跑，把身上的千斤重压狠狠地砸在地上。

或者去看书，看励志的文章，一遍一遍读那些斗志昂扬的句子，直到自己也变得斗志昂扬……

在繁重的学习压力和烦躁的学习情绪面前，不要想着逃避，而需要利用自己的爱好——喜欢干什么就去干什么，干得酣畅淋漓，干得爽快，然后将一切不属于青春的阴霾驱散，给自己一片洒满阳光的蓝天，给自己一个良好的心态面对现在，还有未来……

在我看来，靠主观意愿治愈我们心灵的创伤固然不错，但关键时刻良师的提点、益友的帮助也颇为有益。

我很庆幸在高三的时候拥有那样一位真诚的班主任，我感谢她给了我坚持的勇气。她总是充满激情地为我们进行演讲，在我们疲惫时、低迷时、狂躁时、骄傲时，她牢牢地盯着我们那根最敏感的神经，用一句一句诚恳且充满力量的演说过滤掉我们多余的情绪，为我们的梦想之旅导航；她总是对每一个学生充满信心，她相信我们每一个人，和每一个人做朋友，因材施教，用不同的方式鞭策鼓励我们，因为她的不抛弃不放弃，才有了我们每个人对自己梦想的不抛弃不放弃。她总是用笑容面对我，无论是在我为不如意的成绩潸然泪下的时候，还是为自己的小进步欢欣雀跃的时候，她始终带着微笑，告诉我："你要相信老师，你一

定可以!"就是这样简简单单的一句话,给了我无穷无尽的力量,让我熬过无边无际的夜,终于等到了梦想的曙光。

她作为一名班主任,给了我追梦的勇气;同时作为一名语文老师,她也教给我追梦的方法。

她认为,生活处处皆学问,只要肯动脑,一切事物都是相通的。练画的人会不断积累对色彩的感悟,这些感悟可以化作笔尖流动的文字,去感动他人,也可以打造出最独特的作文素材;经常看报读新闻的人对时事有种敏锐的洞察力,这显然有利于课内政治的学习,也有助于对政治、历史重大事件分析能力的提升;时而去电影院看看大片的人则是在紧张的课内学习中忙里偷闲,放松了紧绷的神经,同时把握了时尚的风向标,也是一大幸事啊。当我们乐于在学习中生活,在生活中学习时,课内学习与课外活动已经被很好地融合在一起了。由此可见,积极的课外活动也有助于课内的学习。

她触类旁通的教学理念也给了我很多的启示。语文是一门基础课,学好语文,提升自己的语言组织和表达能力,能让我更好地驾驭文综的答题时间;在她的引领下,我不仅学会了分析语文试题的标准答案,还掌握了分析各个科目答题套路的方法;我渐渐学会了从多个角度来完成对一个问题的分析,从而拓宽了自己的思维面。

在追梦的旅途上,有这样一位导师的陪伴是我最大的幸事。

总而言之,梦想的道路很漫长,我们要学会在梦想的路途上欣赏周围的美景,也要学会让美景服务于美丽的梦;要用尽各种方法为自己清除心理障碍,拥有胡杨树千年不倒的坚韧灵魂;要学会把困难、挫折和压力变为前进道路上的垫脚石,无怨无悔地执着前进。

花开不败,梦无止境……

　　回首看看自己走过的十二年学习历程，难以忘怀的还是苦中作乐的高三生活，因为这里沉淀了最复杂的心绪，最无悔的奋斗与最张扬但也最朴实的梦想——你或许经历过，或许正在经历，或许正等待着去经历，无论如何，我都希望这些微薄的感触可以勾起你内心某个角落的情绪。希望你和我一样：在仰望星空和脚踏实地的旅程中，做一个幸福的追梦人！

浅谈学习方法

姓　　名：迟婧伊
录取院系：中国语言文学系
毕业中学：辽宁省本溪市高级中学

>
>
> 　　对我来讲，我的学习方法中笔记和改错本是我学习中非常宝贵的资料，这二者都应该在学习新知识的过程中不断去整理、完善，不断去回顾。

　　在三年的高中学习过程中，通过老师的引导、学长的介绍、同学的交流和自己的摸索，我积累了一定的学习经验，虽不能自成体系，也愿意和学弟、学妹们一起分享。

　　首先，从时间的角度来说，我认为高一和高二的重点就在于打好基础，正如我的老师常说的："越是基础的，就越有生命力。"我是一名文科生，在高一的时候，由于对其他的学习方法了解不多，我曾经反复地记忆文科综合和英语、语文的基础知识，首先做到背功到位，老师也认为基础扎实是我的一大特点，而越到后期，尤其是高三，基础扎实的优势就越能显现，当一部分同学依然在补漏洞盲点的时候，基础扎实的同学就可以用更多的时间去提升能力。而到了高三，总复习已经展开，这时候一方面要紧跟老师的复习思路，不能因为对自己基础知识的过分自信而忽视了它，对知识点的陌生并不意味着彻底的遗忘，但往往意味着不熟练，而不熟练又会导致思路迟滞、做题速度减慢，从而对成绩造成影响；另一方面又要有自己的计划，有针对性地提升自己。

　　其次，从总体的方法来说，第一，对我来讲，笔记和改错本是我学习中非常宝贵的资料，这二者都应该在学习新知识的过程

中不断去整理、完善，不断去回顾。在随后的分科介绍中，我还会提到这个重要性。第二，对高考真题的研究十分重要，在高考前夕，我有了一种不知该做什么的迷茫感，这时我只好拿出近几年的高考题，反复做了好多遍，竟然惊喜地有了许多新发现，反复地读题、琢磨后，许多解题思路都是在过去做的时候没有想到的，不但有了豁然开朗、能力提升的感觉，而且对于应考心态也有很大帮助，提升了自信心。我想如果在高三能够早些做这项工作，对于学习的促进效果应该会更明显。

下面我分科来说一下我的学习方法。

语文

除了作文以外，语文分基础知识和理解分析两大块内容。对于基础知识部分，需要扎扎实实记好笔记，建议把各项内容分类记忆，我的成语、常错病句、文言实词都有专门的地方记录，而不是像不少同学那样按照日期来记，这样体系性更强，也便于查找和复习。而对于理解分析，诗歌、现代文阅读又是必不可少的部分，想要在这方面取得突破，最基本的就是掌握各种题型的答题流程和思路步骤，也就是框架。这既需要老师的传授，也需要自己在做题中总结。比如考查"什么作用"的题型，无论是诗歌还是现代文都要考虑结构和内容两方面；比如诗歌中考查意境，就一定要抓住诗歌中的意象，分析意象的特点；比如诗歌中的炼字题，按照释字、放入诗中描绘画面、所用修辞、写出什么特点、有何作用、与主旨情感有何关联等几方面思考和组织，答案就会很全面；比如现代文阅读的探究题，主要分为内引（引用文本事例）和外联（联系现实和自己）两部分；再比如文章开头、结尾段落句子的作用，诗歌中各种手法的作用，只要做个善于总结的有心人,就都是有章可循的。但如果想要达到更高的水平,仅有这些还是不够的,还要将这些所谓的"套路"与对题目的挖掘分析相结合,这就好比在骨骼的基础上又添加了血肉和灵魂。这样,就可以从题干中读出思路,甚至是读出答案。比如在现代文传记阅读中,若题干是问"传主某一方面的具体表现",我们就可以读出答案应该是对文章中具体事例的概括和分条叙述,注意把事例找全就不难得到满分;若题干是问"概括人物特点",我们就按照文章顺序全面地找再加以归类等。最后,还有一些总体的大原则需要时时牢记,比如每一道题都要把握作者的观点态度,一定要尽可能地利用文本中的信息而又不能脱离文本,传记的一切都是为了传主服务等。总之,我认为要学好语文,一定要肯花费时间琢磨题目、琢磨方法,给予语文足够的重视,决不能视语文课为放松课。

数学

对我个人而言,学数学首先是要把教材吃透,例题、书后练习题一定要保证过关,这是基础,从一部分课外题里的确能找到教材的影子。对于课外题,我认为利用好一本辅导书,再做好一本练习册就已经足够了。我认为学数学最好的方法就是对题型进行归类总结,以达到事半功倍的效果。经过三年的学习,我的题型分类已经写满了整整四本本子。学习中遇到典型的题型,我一定会把它记录下来,配上几句方法要点总结,再留出空白,以便遇到同类题型、相似题型、这一方法的变式应用时补充上去。这样做的好处一是逐渐形成了对题型的敏感度,能够在面对一道陌生的题目时迅速地反应合适的方法;二是比较轻松地培养了举一反三的能力,提升了效率,节省了时间。但是,我们一定不能有一劳永逸的观念，做题保持手感仍是必不可少的。

英语

英语学习与语文相似，主要分为基础和阅读能力两大方面。基础又包括单词短语及其用法和语法。单词和短语这样的基本语言点需要抽出时间记忆，这一点无须我多说，毕竟它在单选题和完形填空的部分题目中会有直接作用，而在阅读和写作中也会有间接的作用。对于语法，弄清楚句子成分、句子结构非常重要，阅读中的长难句理解也离不开语法功底。基本理论掌握之后，可以通过专项训练进一步突破和强化。至于完形填空和阅读，最好能够每天有固定的时间去练习一篇，毕竟掌握一门语言需要一定的环境熏陶，而我们能做的也就是抽出时间去练习。另外在做题的过程中我们也要不断反思，寻找错误的类型和原因。比如完形填空，是语法词汇基础不好，还是联系上下文的语境意识不足，又或是对主旨和感情倾向把握不准确。比如阅读，是在文章的整体阅读上感到吃力，还是在细节捕捉原文对应时粗心了，又或是自己的思路偏离导致理解问题总是与出题人有偏差。我认为在基础过关、能读懂文章的前提下，脑中时刻带有原文意识、主旨意识，做阅读理解题时就不是难题。

文科综合

政治、历史、地理三科在学习上会有一些共同点。第一，做笔记的重要性。每一节新课之后，最好能够及时地整理笔记，既加深印象，又方便复习。但笔记一定以实用为第一原则，所以不要在上课时以耽误听课为代价去整理，也不要过分追求一种"赏心悦目"的感觉，不要吝惜你的翻看、勾画和补充。第二，不可以完全丢掉教材。笔记固然宝贵，教材还是不能丢下的，有许多辅助理解的文字和非正文小字很容易被忽略但却是十分有价值的。第三，对错题的处理方法。很多同学认为文科综合的选择题出题十分灵活，很多时候就是一个理解、解释的问题。所以，对于大量各不相同的题目，是没有办法谈什么总结规律的。但是我认为，如果总是采取这样一种态度，那么分析问题的能力就很难得到提升。所以，反复琢磨错题，像破案一样寻找每道问题的突破口，揣摩出题人的意图也就是题目到底想考查什么，仍不失为一个好的方法。主观题的思路要打得开，尽可能全面周到、多角度地思考问题。

那么，我不妨再结合每一科的特点具体来谈一谈。

政治的学习特别注重知识体系。我们学完以后，应该能够做到清楚哪一单元、哪一节都讲了哪些大问题，又包含哪些小问题，心中形成一个框架。比如经济生活中，价值与价格（交换）讲了什么，生产与消费讲了什么，分配讲了什么；政治生活中，公民有哪些要点，政府有哪些要点，党有哪些要点，人民代表大会制度有哪些要点，国际关系又有哪些要点，而不是记忆那些零散繁杂、七零八落的知识碎片，这样在面对主观题时我们才会有信手拈来的资本。政治的主观题似乎又是主观性极强、无章可循的，但事实上，如果题做多了还是可以总结出许多常用的、得分率很高的句子。主观题的审题很关键，读题时，一要看清楚题目的角度（经济、政治、文化和哲学）。二要看清题目的设问方式，即是什么、为什么（包括原因、意义、影响等）、怎么做，如果是问"如何认识"，那么为什么和怎么做都要考虑在内。三要审主体，是企业、消费者、国家，或是政府、公民、党等，这样就

保证了答题方向的正确。四要看清问题中的关键词、中心词，举个最简单的例子，"运用经济生活知识谈谈节能减排的意义"，那么"节能减排"就是这道题的关键词。我们在答题时需要从知识库中提取知识，更需要将知识与材料对接，也就是要结合材料。结合材料的时候就是要努力将所答理论和这个中心词联系在一起。五要看问题之前的材料，因为答案很多时候就来自于材料，不把它充分地利用好就是吃了大亏。政治的主观题又可以从另外的角度分为发散型和纵深型两大类。发散型要求思路全面、点到为止，纵深型则对一个问题深入探讨，需要很扎实的基础。政治笔记上不只要记录基本知识点，还要补充一些老师的注意事项，以及平时做题中遇到的和总结的难以判断的或新奇的观点，这对于选择题非常有帮助。近些年来，出现了越来越多的比较新颖活泼的选择题，平时遇到这样的题目应该认真对待才是。

对历史的学习最基本的就是对时间和年代的把握。事件发生时间的记忆贵在准确，还有如果某一个名词就是在某一个时间阶段之后才出现的，那么也一定要记忆准确，因为选择题的选项排除很多时候要用到这些，如果没有对时间的准确判断，仅凭对题干的分析理解就很可能做出错误的选择。另外，在熟悉教材的基础上，适当阅读一些教辅书、基础知识手册，了解一些相关的历史背景和书中只是提到而没有具体说明的事件，拓展自己知识的深度和广度，加深对教材内容的理解，把老师的补充和自己的积累补充到笔记上，这些都是很有益处的。在历史的学习中，对比、联系的方法可以让知识更有条理，让学习更轻松。不过，如今的选择题都是小材料题，仅仅掌握书中的知识并不能保证做题的准确性，对题干也就是材料的理解分析非常重要，这一点上没有什么诀窍，但是练习、思考、培养题感绝对是有益无害的。主观题就是大材料题，在答题时要把各方面的因素考虑在内，抓住时代的特点，调动所掌握的知识，利用好没有学过但材料中提到的有用信息，分点进行有条理的回答。

地理与政治、历史有较大差别。多看地图，掌握各主要地区的地理特征非常必要，地形、气候、植被、洋流等，这些可以说是学习自然地理的基础。对于某些地理位置的特殊地理现象需要特别去记忆。人文地理在主观题中比较简单，在选择题中有更加灵活、考验思维能力的趋势，这时就需要从题目中寻找出思考的方向。地理的主观题相对简单，比起政治和历史，它甚至有更多的规律可循，题做多了就会发现，答案其实就是那些比较固定的话，记住了、会应用了就会给答题带来方便。通过做题不断巩固、完善、积累答案，地理主观题有冲击满分的可能。

从我上面所说的内容可以发现，我总是强调思考的作用。的确，思考贯穿于每一门科目、每一个年级的学习之中，它既是一种态度，又是一种方法。"有心"二字，足够解决学习中的困难。再好的方法，不如自己用心总结出来的方法。再多的补课，不如高效利用的主课堂和自习。充分合理地利用时间，巩固练习与总结反思相结合，胜过盲目在题海中挣扎。前面我所说的种种心得，也只不过是三年以来我本人探索历程的一种呈现。可能我走了弯路没有找到更好的方法而浑然不觉，但我想，即便如此，这仍然是一笔极为宝贵的财富。我也希望抛砖引玉，带给学弟学妹们一些启发，去发掘自己的独特宝藏。

高考英语之我见

姓　　名：陈　研
录取院系：社会学系
毕业中学：浙江省余姚中学

> 记单词的重要性，不言自明。可以说，英语学习就是一个词汇量不断积累的过程，掌握较大的词汇量，是通过任何一种英语考试的前提条件。因此，我认为英语这门课，最需重视的就是词汇。

词汇篇

记单词的重要性，不言自明。可以说，英语学习就是一个词汇量不断积累的过程，掌握了较大的词汇量，是通过任何一种英语考试的前提条件。因此，我认为英语这门课，最需重视的就是词汇。

对于大多数考生来说，我最实在的建议是：拿本英语科目考纲来照着顺序一个个记吧！先把单词和中文意思对照着看一遍（对自己记忆力信心不足的同学可以边读边写，加深记忆），然后花几秒钟把这个单词的拼写和全部中文意思（尤其是不常看到的生僻的含义）回忆一遍，过了之后继续下一个单词。我比较推荐一次记忆180～200个单词，每次90分钟左右，第二天重复记忆，步骤同上，并且在固定的周期内从头再记忆到当日背诵的地方，以免边背边忘。我建议可以把2800个单词分成4个周期背，每结束一个周期后花一个小时把这个周期所背的单词（约700个）快速过一遍，这样遗忘的比例会下降不少。对于记了几遍还记不住的单词要圈出来重点记忆，或者可以摘抄到小册子里，食堂排队的时候拿出来多看几眼，要相信，如果你记得不够牢，不是因为

你记性差,而是因为你背的遍数少!

我不推崇的就是关于背单词要循序渐进的方法,诸如每天背10个单词,一年就能背下3600多个,积少成多云云。第一天背10个单词,第二天忘3个,第三天又忘3个,我们的学习时间就是在"背了忘、忘了背"之间消耗着。如果你背10个忘3个,那么背100个就算忘30个,那么效率少说也提高了10倍吧。因此,背单词的诀窍就是稳、准、狠,这"狠"字就是得破釜沉舟,而非循序渐进。

我就是用这样的方法大概在半个月左右记完考纲的2800个单词。我们的班主任是英语老师,他特意给我们整理了一份英语高考考纲词汇加四级单词浓缩版,可以发现高考考纲词汇与四级单词的差距并不大,掌握了高考考纲词汇以后,对于大学四、六级考试也有较大裨益。因此,词汇量的积累我们一定需要重视,过了词汇关,英语学习就大体稳固了。

单选篇

如果把英语比喻成一个人,那么语法就是这个人的骨架。高中英语语法包括词法和句法两项。词法是研究词、词形变化及其用法,如名词的数,形容词的比较级,动词的时态、语态、语气等。句法是研究句子的结构与功能的,如句子的成分、语序、各种从句等。我们学习高中英语语法,首先要熟练掌握语法内容,然后把语法结合到句子、文章中去学,灵活掌握。

但是语法也不能包罗万象,我们还要注意英语中的习惯用法和固定用法。比如,与某人结婚是"marry sb."而非"marry with sb.";"be engaged"后介词要用"in",而"be devoted"则搭配介词"to"。做语法题时一定要注意识别假冒,去伪存真,排除习惯的影响。同时，注意西方文化背景和语言习惯，排除汉语思维的影响。

近年来，浙江省的英语高考单选题越来越偏重词汇辨析而忽视语法（这恰恰又体现了词汇量的重要性）。其实本人语法欠佳，尤其看着各种定语从句、名词性从句和状语从句从来都是"两眼泪汪汪"，但是单选题基本不丢分，靠的就是语感（可能是因为我常看英文原版电影，热衷于听英文歌和看美剧的），但语感非一日练成，所以重点还是老老实实地积累词汇，尤其要把考纲词汇烂熟于心，这样做辨析型的单项填空至少不会出现由于不认识选项的单词而失分的情况。有些同学认为单选题每题 0.5 分，都做错充其量也就丢失 10 分，持这种想法的同学大谬矣！高手过招，分毫取胜，如果你想进入顶尖学府，该拿的分数一分都不能丢！所以这 10 分，也要稳稳地收入囊中。

完形篇

完形填空主要考查你的思维方式和对基础知识的掌握，一般推荐先通读全文，掌握大致文意，然后从头开始做题。如果你能顺畅地阅读一遍到底，那么恭喜你，这种情况一般出现在词汇量较丰富、理解能力较强的同学身上，大多数同学在阅读时还是会有许多"疙瘩"，那么建议你第一遍只填完全有把握的空，然后再在理解全文主旨的基础上去进行选择，有些选项还要联系上下文，甚至有些答案就会出现在下文的段落中。所以，我认为完形填空最好做两遍，确定上下文衔接无误之后再做接下来的阅读。记住，付出是有回报的。

还有一个经常困扰万千考生的问题——改错。经常会出现第一遍做下来是对的，第二遍不知怎的头脑发热就改错了，而且往往一改还不止一个的情况。每次对完答案，关于完形填空改错的哭号总是最多的，我也经常在检查的时候顺手改错几个，然后追悔莫及。这是个老大难问题，按照经验，如果你是属于每改必错型的选手，那么建议你还是别改了，把时间花在阅读理解和作文上吧，说不定完形填空一遍过关了呢。当然，想要完形填空拿高分，平时训练自然必不可少。另外，我建议搜罗一下历年高考的完形填空真题，把正确答案补全之后当范文朗诵，毕竟相对于仿真卷也好，押题卷也好，最标准、最有参考价值的还是高考卷。

阅读理解篇

阅读是获得更综合、更复杂、更精确信息的必要手段，我们在做阅读理解时，不仅要看懂文章的字面意思，还需要针对不同题材和体裁的篇目运用不同的方法做出正确的选择。一般来说，词汇量、阅读速度和理解能力是阅读理解中三个最重要并且有相互联系的因素。

阅读方法一般有跳读、略读和精读三种，针对不同的阅读能力和答题需要而定。但无论使用哪种技巧，目的性和步骤性都必须明确，即以下四点：①带着问题阅读短文；②找出主题句、确定中心思想；③推断单词、句子和文章的含义；④尽快选择答案。

不同体裁的文章有不同的特点，针对它们的解题技巧自然也不尽相同。高中阅读理解一般分为记叙文、说明文、应用文三类，个人感觉一般以记叙文为主打。记叙文情节性较强，我们在阅读时要注意故事中的时间、地点、人物和发生的事件，这些都是文章中的主要内容和信息，对于准确理解文章十分重要。说明文和应用文范围较广，阅读时一般要求全面掌握文章中提供的信息，并运用这些信息去解决问题，因此对题干的理解尤为重要。

学了十年的英语，做了十年的阅读理解题，问题总结起来无非就是主旨大意型、推测判断型、细节型、猜测词义型这四种。常见的提问方式也不尽类似，诸如"What's the best title of…"或者"We can infer from the text that…"。其实想想，拿到试卷后不就是那几种类型的题目嘛，你用不着逻辑推理就能知道判断完主旨大意该猜测词义了，你也会习惯性地找到这个单词在文章中的大致位置，然后根据上下文或者借助作者的释义进行"reasonable"的猜测。

或许你摸索过许多做题的方法，但面对题目时你不可能有时间和心情先想一遍答题技巧然后动笔，你有的只是答题的本能，而这本能就是抛开那些年你做过的成百上千的试卷，拿到下一份崭新的卷子的时候你所留下的东西。

❖ 作文篇

说到作文，我脑子里浮现的就是高考最后一个月拼命练字的欢乐时光。花体，圆体，意大利斜体，或者是规规整整的印刷体，总有一款适合你。写作，是我觉得在高中英语里除了口语以外最有意思的一件事情。请记住不要去刻意复制模板，那样就失去了写作的意义。而且现在的高考命题越来越倾向于演讲稿之类比较难于应用模板的文体，如果你执意生搬硬套，在要求简洁的便条里写大段大段的从句，在需要看图写作的应用文里随意套用所谓优秀作文的见解，可想而知也难得高分。不要以为在网上下载些所谓的优秀作文、高考范文，拿来背背就完事了，这未免也太看低那些阅卷无数的批卷老师了。我们不难发现，许多范文的文辞浅显一般，甚至有些拙劣、哗众取宠的味道，比如有的所谓高考范文用的仍是 be good at, importance, very much, depend on，in my opinion，completely 这样的词汇，这些词汇广为人知，阅卷老师已经看得"麻木不仁"，再加上各种拗口的从句，这大夏天的怎不让人"怒火中烧"？

其实，如果你的语法已经达到基本不会出错的程度，那么作文应该选择以词汇取胜，因为在这个层次上，大家的语法都差不多，变化不大，唯一有变化的就是你的词汇。打个比方，大多数人想到"许多"就用 many，但是你别忘了还有 handsome，massive，innumerable，a multitude of；很多人想到"专家"就写 expert，但很少人会想到 specialist；很多人在想到"擅长"这词时，会用 be good at，却不知还有更高级的表达 be expert at 或者 excel in 等。我们的文章能否脱颖而出，就体现在这些细微的差别上了。

对于名句引用来说，我的经验是抛弃那些范文，回归真正的大家之作。我在高三一年各熟记了10篇英美散文（如培根的 *Of Study*）、知名演讲稿（如丘吉尔的 *Blood，Toil，Sweat and Tears*）、小说经典片段（如《简爱》和《傲慢与偏见》里的对白），虽说不上能倒背如流，但在文章中应用几句我还是不成问题的。这样既省去了"old saying"之说，又能为文章增色不少。其实，写作不必刻意套用各种句型，强调、虚拟、倒装不求必备，但求适合就好。文章的内容和字体一样，不求无懈可击，但求写出属于自己的风格就好，这样才能让人耳目一新，使阅卷老师心悦诚服地给你高分。

最后需要强调的是，务必要打草稿。一篇优质的作文，卷面首先必须整洁，即使你对自己的书写毫无信心，但只要认真书写，阅卷老师会看到你在炎炎夏日里一笔一画书写的诚意。

仍在奋斗的万千兄弟姐妹们，我可以，你也可以，北大欢迎你！

书生之路

姓　　名：杜金雨
录取院系：外国语学院
毕业中学：天津市天津外国语大学附属外国语学校
获奖情况：第四届全国中学生语文能力竞赛全国二等奖
　　　　　2011北京大学全国中学生模拟联合国最佳阐述奖
　　　　　天津市首届中学生模拟联合国荣誉提名奖
　　　　　天津市首届中学生模拟联合国最佳合作奖
　　　　　天津市"祖国在我心中——庆建国60周年"英语竞赛全市二等奖

> 回首书生之路，我从来不是班上最用功的学生。很少下课后埋头苦读或是回家后挑灯夜战、彻夜通宵。我想，我可能有一个优势就是高效，还有一个就是重复。

"博雅塔下人博雅，未名湖畔柳未名"，如今我也可以成为众多"博雅人"中的一位，漫步未名，听教于大师身旁，感受优质学术的庄严与崇高。北京大学已经开启了我人生中的另一扇门，我开始踏上另一番征程。不禁怅然回首，十二年漫漫求学路已恍如隔世，那幼稚无知的小女孩已经渐渐成长。谈起"书生"，唇齿并未触碰，简单的气息却承载了太多人与太多年的含辛茹苦。古代书生，高高束起的发髻也束起了自己的尘世享乐的欲望杂念。十年寒窗，无非是青灯如豆，朽木旧桌，一杯香茗后的埋头苦读。那些牢记的字字句句不过是做官发财的阶阶垫脚石，可同时又自缚了层层蚕茧让自己密不透气。如此这般，才有范进这样悲剧的可笑人物。

◇ 我的书生之路

如今的"书生"们，自幼便被可怜地称为"辛苦的一代"。高过头顶的书包和厚厚的镜片总是扼杀童年的快乐。可作为一个走过来的局中人，我现在已经完全享受到书生的乐趣了。人生中能有几个十二年可以心无旁骛的"一心只读圣贤书"？这些年来

我想我收获的绝对不只是书本上的白纸黑字,更是学习能力、分析能力,还有人格的塑造和价值观的构建。课本永远不会告诉你你的未来在哪,可是当自己足够成熟去思考这个问题时,课本便可以功成身退。所以,无论这十二年是轻松抑或是辛苦,我都庆幸我是个书生。

回首书生之路,我从来不是班上最用功的学生,很少下课后也在埋头苦读或是回家后挑灯夜战、彻夜通宵。我想,我可能有一个优势就是高效,还有一个就是重复。

高效,顾名思义,就是在最短的时间内做完最多的事情。如果一旦确定要做一件事就应该心无杂念、全身心地投入战斗。一个很好的方法就是事前规定必须用多长时间完成这件事,如果完不成则要略施惩罚。有了这样的推动力当然就有了效率的催化剂。以前,我偶然听说有人为提高做托福阅读的效率,以秒表计时,我暗自佩服此人的神速高效及心理抗压能力。在高考这样的千军万马、万势齐发的竞争中,所有人的时间都是相同的。若想出奇制胜则必须"时半功倍"。

还记得在我上高二时的一节数学课上,我的数学老师赵健曾经说过这样一句话:"大家都听说过'失败是成功之母',却很少有人询问学习能学出成就的另一个因素,即'成功之父是什么',其实在学习中,'重复是成功之父'。"前一句话众人皆晓,失败为下一次的成功提供了经验,我想后一句则是升华。重复有利于将经验变成习惯,知识的重复记忆可大大降低遗忘率。我还记得在我的一位成功考入北京某高校的学姐在介绍学习经验的时候说:"最后复习的时候,文综书一天看一本,已经看了好多遍。"看来古人说"书读百遍,其义自见"自然有其道理。"温故而知新,可以为师矣",重复的记忆不仅可以记牢知识,同时在这个过程中又可以训练自己从不同角度看问题的能力。还记得在参加保送考试的前两个礼拜,我咬牙将中外古今通史翻看六遍以求过目不忘,如此看来还是有些作用的。

良好的心态在学习中至关重要。在学习的过程中,我们其实并不需要时刻紧盯坐稳年级的头把交椅。能够保持一颗不断向上的心才是最难能可贵的。如能保持进步,自己则是胜利者。学习绝非易事,但也未必是难事。在我周边不乏因一次失败而气馁不振的同学,可我们只要记住一句"Any minor successes or failures can't define who you are."

书生之路之学习

如今,广大专家学者和教育界爱心人士及关爱祖国未来花朵的同志们都极力反对"题海战术",认为反复地做题就是无用功。其实,题海战术只要运用得当也是有益处的。只要选对了题目埋头练习,我认为这便是提高数学成绩的绝佳途径。不断地练习只会让自己越来越得心应手,而不同类型的习题则又能打开自己另辟蹊径的思维,何乐不为?这其中选题则是关键,如果不是理科竞赛则无须费力钻研难题、怪题,高考题目大多精良,是最优选择。

作为一名文科生,我常常思考学习史、地、政的目的是什么。后来我得出了一个结论,那就是学会理解分析事件。这种能力培养的重要性是远远大于背诵文史常识的。所以,除了课堂规定的书本,通过大量阅读课外读物来提高理解和阅读能力至关重要。我高中的一位要好的同学在班上长期保持第一名,她的阅读量之庞大让她完全自由穿梭于各种文史知识中。所以,每当考试的时候不会看到她埋头苦背的场景,而她却又总是轻而易举地拿下高分。我想这就是所谓的"学通了"吧。由此看来,文史的学

习在于理解而非背诵，当然运用是学习的升华。也许《权利法案》具体有哪些内容我已经记不清，但它所宣扬的民主权利对我们这些潜在的社会建设者却大有裨益。

再来说说英语和语文的学习。同样作为两种语言学科，很多人对其态度却不同。一个中学生可能知道英文单词"utilitarian"是什么意思，但可能对成语"白衣苍狗"不知所云。在这里评价语言的尊卑和我们对母语的态度已无太大意义。语言的学习方法其实是一样的，那就是要浸泡在这个语言的环境中。先说语文，我刚开始上高三的时候觉得对字音的把控很难，因为在平常的生活中就是常常误读，做题的时候猛然一改就引起了我的不适应，所以字音一项易错且易忘。英语环境的重要性则再无须赘述。

当然，书生之路上不仅仅只有读书学习，这也是如今的书生要比以前的书生幸运的地方。当今这个时代，以文凭称霸天下早已成为历史，初入燕园，周围的同学除了是各省各市的各种状元、学霸外，在课外活动与个人生活中更是各有造诣。你说你的英语很不错，半路上会立刻杀出个人说已狂砍托福高分 n 次、过了CATTI（全国翻译资格水平考试）二级，并且正在努力学习德语、日语……所以，我在生活中时时刻刻都保持着备受打击却又不断学习的状态，即使现在自己很弱小，可总有一天也会是他人的偶像。

书生之路之父母、师长

生活中我是一个较为崇尚自由的人，这很大程度上受了我那民主自由家庭的影响。从小父母就非常尊重我的选择，倾听我的想法，所以我对于自己的爱好生活有非常大的自主性，同时我还学会对我的行为负责。小的时候，我说我要学英语，父母便立刻送我去学了"新概念英语",高考之后我说我要学吉他,妈妈又马上带我去买了吉他。初中的时候我喜欢追动漫,周末的时候不写作业,考试考砸以后我知道是自己的原因导致成绩不好,便毅然决然地卖掉了漫画书。至今为止,我自己做过的最大选择就是高三保送的时候选择学校,在稳妥保送及冒险考试中还是倾向了冒险闯北大。这些选择可以让一个人迅速成长,能更好地融入社会。同时,我的父母经常鼓励我而不是劈头盖脸地一顿数落。他们经常拿我还没有达到的目标来表扬我,就好像是我已经达到了这个目标。这恰好激发了我心中向上的动力。以前妈妈喜欢跟她的朋友说:"我的女儿口语不错。"为了不在妈妈的朋友面前丢人,我只好自己在家苦苦练习演讲、练习口语以保证我的妈妈没有"说谎"。也就是这种"变相"的鼓励,能够让我不断地向下一站迈进。

当然,书生之路上"师父"一角非常重要。韩愈在《师说》中说道:"师者,传道授业解惑也。"老师的本分是教书,可更重要的是育人。我一直坚信一句话——一个人必须先成人再成才,具备了仁、义、礼、智、信以后再去格物致知。所以,老师的品质直接影响了学生的作为。然而,从幼儿园至高中我们都经历过无数个各个学科的老师,而真正能影响我们的并不多。还记得我在小学低年级的时候学习成绩并不好,一次英语课上,老师拿着我的作业,对全班同学说:"大家可以看看杜金雨同学的作业,写得非常好,大家要向这样的好学生学习。"在当时大家的印象里,"好学生"应该是对一个同学的最高赞扬,应该是一个学生的毕生追求,当然也只有学习好的同学才能享受这样的礼遇。而以我当时的学习成绩是绝对不能获此殊荣的,我永远记得当时老师说的那句话给我的震撼与影响。我至今仍不清楚英语老师是有意为之还是无心一说,但这对我的激励之大已无法用文字表述。

也就是从那时起我决心好好读书，一定要成为老师口中同学认同名副其实的好学生，不能辜负老师的表扬。此后，我的成绩开始慢慢进步，最终到达年级前列。当然，有鼓励的话语也有让自己放平心态的。我的高中班主任是历史老师。她对班里的各个同学的情况总是了如指掌。还记得她有一次跟我谈话说："杜金雨，不要急躁，放平心态你就能成功。"进军北大保送考时，她又一针见血地指出我的学习漏洞，叮嘱我保持良好的学习状态，让我受益匪浅。所以，燕园这份礼物绝不仅仅是我自己的努力，更有各位老师们的辛勤付出和信任鼓励。一日为师，牢记今生。

至此总结一下，在我的书生之路上，父母和老师多以鼓励为主导，辅以小小的批评来让我不断奋进。

书生之路之课外活动

我说，书生之路上并不只是学习读书，更重要的一点就是课外活动。如今高中生的课外活动数不胜数，大多可以分为以下几大类：艺术类、体育类、志愿者类和学术类。我以为如今一名优秀的书生应该至少涉猎四类但要至少有一类精通。我高中时的课外活动还算丰富：英语小剧场，校运动会女子400米和4×400米接力跑，学校45周年校庆志愿者，模拟联合国社团（以下简称"模联社团"），还有辩论赛等。我认为参加课外活动有两大优点：一是释放课堂学习压力，这是放松心情的好方法；二是通过不同的活动锻炼身体和增长见识，对学习有利。当然也有人说课外活动会耽误自己的学习时间进而影响自己的学习成绩。对于这种说法我个人不敢苟同，因为对于时间的安排完全在于对自己情况的了解。最佳状态则是在学习时间和课外活动时间找到一个平衡点。这个时间配比并非规定下的几比几或者是单纯效仿别人的作息规律，而是通过自己的能力和习惯来安排自己的生活。比如，我在每个周六的晚上固定来做学校模联社团的事情。

高中的时候，我全身心地投入学校的模联社团建设中，并且参加了几次各种规模的模联会议。学校的模联社团转换了我一直充当的被管理者的角色，真正自己当家做主了一回——当了社团的领导者。社团的内治外交是提高智商、情商的绝佳机会。模联会议中各种议题的讨论也增加了我对这个国际社会的认知和理解，当然同时也是对书本学习知识的充分实践。还记得我在高一时参加"联合国开发计划署"下的会议——气候变化与经济发展时，作为"俄罗斯代表"，充分运用到了自然地理、人文地理的逻辑推理，历史积淀下来的国际关系，当然还切身感受到了《政治生活》中"当代国际社会"一章描述下的社会现实。由此可见，课外活动与学习的关系并非"你死我活"，而是互帮互助。

我作为一名外语类保送生，去点评中学生理科竞赛的优劣的确有些不够资格。但我作为局外人，有些事情的想法跟局内人略有不同。我周围有一部分参加竞赛的同学对于理科竞赛的看法就是通过竞赛保送进名校来减轻自己的高考压力，当然也有一部分同学是出于对某些学科的强烈热爱。实际上，这条保送之路也是布满艰辛。首先，这种心态难免有些孤注一掷，这提高了选择的风险与压力，事实上保送生的压力是非常大的。其次，竞赛的难度很大，学习起来也是费时费力，同时课内的其他学科也是任务繁重。但毕竟在这些重重的压力下，竞赛未见衰落，竞赛生也一直保持热情，可见竞赛有其存在的道理，盲目地打压或是取消还是不可取的。如果能解决以上的两个问题，我想竞赛的发展可能会更好。

寄语

  还是回归老路，我给即将参加外语类保送的外国语学校的考生们一些建议。首先，做好课内的高考复习非常重要，因为如果没有一个坚实的基础就开始报考那不过就是空中楼阁。在复习好高考内容之后便可以拓展自己的应考能力了。在北大保送考试中语文考试比较灵活，掌握最基本的语言素养非常重要，这点在古文方面体现得比较突出。数学比较不好掌握，一共五道大题，大部分是竞赛难度，我觉得如果能把给文科生设计的那道题做出来就可以了。其他的题能写步骤就写步骤去拿分。英语应该是外语学校学生的强项，重要的还是要提高自己的阅读理解能力和阅读速度。历史的学习并不是很依靠课本，可以通过一些学习资料多掌握一些历史名词解释。政治比较好把握，掌握高考难度即可。

  至于面试，则要体现出自己的勇气跟气质来。也许面试官提出的问题自己并不知道答案，但也要勇敢地去表现自己，即使题目超出了自己的知识范围也不要默不作声，尝试用自己了解的知识去进行阐述。

  在书生之路上，我已经数不清到底做了多少道题又错了多少道题，背了哪些诗又忘了哪些诗。这一路，成绩单上的数字和评价栏里的ABCD早已经不再如当时那么重要。这一路，锻造了一个又一个已经具备知识与素养的人。我想，我会永远珍藏那份不知疲倦的埋头苦读，同学之间不计得失的互相帮助，父母不求回报的悉心照料，老师不分昼夜地辛勤工作。我想，书生之路上培养的精神气质会随我一生受用终身，让我无论今后处在社会何种层次、何种岗位都能带着坚持、执着、稳重、踏实的书生气质。

用双手照亮梦想

姓　　名：瞿斯嘉
录取院系：经济学院
毕业中学：上海市建平中学

或许,正是这分坚持,让我在课内学习和个人爱好之间游刃有余。而且我认为,个人爱好与课内学习并无冲突,个人爱好可以作为释放和缓解压力的一种途径。同时,爱好可以辅助学习。例如,我在练习书法的同时记诵了不少古诗词,了解了不少古人的奇闻轶事,对语文学习起到莫大帮助;自学 Photoshop 的过程中,我对电脑信息技术的认识更深一层;在享受音乐的同时锻炼听力;在看美剧的同时了解异域文化……寓教于乐的方式让我的学习倍感轻松。

一路风雨走来,回顾这一艰辛旅程中所经历的点点滴滴,无不感慨。正是这些汗水、坚持使我得以在未名湖畔求学问道。

我的秘籍

在十几年的学习中,我也总结了几条较为实用的学习方法,借此与大家分享。

第一,学习是循序渐进的,并不需要过分超前学习。常常看到初中生捧着四、六级词汇拼命背着,我个人并不赞同。首先,即使你的学习水平高于他人,你的个人能力与高中生、大学生是有差距的。超前学习不但效果不好也会影响正常的学习进度。就我个人而言,照着正常的步调走,但是不超前而是在现有水平上更深入。例如,在做数学题的时候,不仅仅是做题和总结经验,可以从一些题目中推导出一些书本上没有的定理。其次，学习的主要目的是应用于实际，每一个阶段的学习都符合每一个阶段学生的需求。一个高中生就算学习了大学物理，也无法运用于实际，那么就等于白学，但是对于大学生来说，大学物理的学习对他们今后的工作有巨大的帮助。因此，无法用于实际的学习只能充当学问，也容易淡忘。简言之，循序渐进有利于对知识的深入了解和探讨。

第二，用一个小本子以简洁明了的文字记下经常易犯错的知识点，代替烦琐的错题集。许多老师都提倡学生制作错题集，以便翻阅。久而久之，这就成了一项雷打不动的作业。错题集也逐渐失去原本的作用，成为众多学生的一项负担。学生为了敷衍而完成的所谓"错题集"也偏离了老师们的初衷。所以，用本子记下常错的知识点并写上注意事项，不仅快速方便，更简洁明了。与错题集相比，这种方法的优点在于对错误的总结。错题集往往列举错题的解题步骤和自己犯错的地方，许多题目罗列在一个本子上，缺少实际性的有效总结。题目做了一遍，不可能多次出现一模一样的题目，重要的是掌握此类题目的解题方法，所以简明的总结更为实用。当然，不可否认的是，错题集也确实对很多学生十分有效，但是用本子记下常错的知识点更能有效节省时间。

第三，回归课本。课本上的语言都是最凝练、易懂的，每一道例题都是精挑细选的。每一条定义、定理的每一个字都十分重要，往往这些字眼就成了最主要的元素。课本上的讲解通常会提及该知识点在实际生活中的运用，这对于我们的学习有很大帮助，使我们在学完之后获得一种掌握某项技能的满足感，让我们用更加科学的眼光看待这个世界。

第四，要学会把自己的所学运用于生活中而不是纸上谈兵。比如，利用物理的惯性原理避免生活中的一些小问题；数学的抛物线可以运用于体育运动中,概率可以用来估计某些事件发生的可能性……我们所学的知识若只是为了应付考试,那么知识便没有了用武之地,更何况,我们学习知识的主要目的就是将知识运用于实际。纸上谈兵终究抵不过实战,所以实践是十分重要的。实践不仅是对知识掌握度的检验,更能让人深刻理解它的含义。

我的坚强后盾

除了自身的努力,我的成功也离不开老师和家长对我的支持和教导。老师们的循循善诱让我受益颇多,他们用心的教学让我感动。记得小学数学老师常用简单的儿歌教我们记忆那些生涩的定理;记得初中历史老师常常给我们看她珍藏的老电影,让我们对那些烽火连天的岁月有了更直观的认识;记得高中物理老师总爱用他的"惨痛教训"告诉我们生活中处处是物理学,那些自制的简易模型、那一个个高智商的冷笑话、那一句句绕口令……那些可爱可敬的老师们用自己独特的方法教给我们知识,同时又在寓教于乐的环境中告诉我们做人的道理。

父母的付出也功不可没。在他们的"放任主义"下,我的成长可以说是自由却又不逾矩。小时候,我识字总是比同龄人慢,我的父母并不逼着我去识字,而是在我玩耍时教我识字。小学二年级开始,他们便不再检查我的作业,只是在我的作业本上被打上红叉之后监督我订正。对于考试,我的父母一直都十分淡然,并不会像许多家长那样问东问西,只是在吃饭时简单询问一句。对于考试成绩,他们常常是让我自己直面现实,不会责骂,只是在我失利时与我一起分析错误原因,给予我鼓励。父母一直让我养成独立学习的习惯,相信自己的能力,让我自己做出选择。他们的默默支持也给了我很大动力,在备战高考的时间里,他们为了减轻我的负担,认真地研究了填报志愿的流程和注意事项,以及一些学校的情况,让我在填报志愿的时候倍感轻松。关于我自己对未来的选择,他们与许多父母一样,有担忧也有彷徨,但更多的是鼓励,以及和我探讨未来的发展方向,给我建议。

所以,老师和父母是我的坚强后盾,为我保驾护航,塑造了今天的我。

我的娱乐活动

父母的"放任主义"也造就了我张弛有度的学习习惯。不喜欢做书呆子的我也与大部分女生一样爱逛街购物。考试结束后的休息日,我常常和三五好友去逛街、唱歌。偶尔的放纵可以缓解身心疲惫,也是一个与朋友沟通感情的契机。

书法也是我闲暇时的消遣。我从小练习书法,或许一开始只是为了习得一种特长,也曾获得不少奖项,也算小有成就。开始学习的时候,我只是遵从父母意志,曾有过放弃,但逐渐我对它产生了无法舍弃的感情,因而与我相伴至今。如今,它已成为我平复心情的最佳选择,与笔墨做伴可以让我忘记学习的压力,享受笔墨之间的洒脱畅快,品味古人风采,置身艺术世界。淡淡的墨香总能让我感到前所未有的平静,毛笔与宣纸之间的微小摩擦能让我忘记一切烦恼。

作为一个动漫狂热者,在业余时间我喜欢一边吃着零食一边看最爱的动漫,在各大论坛分享动漫情报。我也会看一些美剧,常常看得乐不可支。同时,我还热衷于一些电脑"技术活",如Photoshop(PS)。我从高一开始自学PS,仅限于自娱自乐,以及与朋友分享的水平,但仍在朝着更高的水平努力!

尽管有繁重的课业负担,但是学校的各类社团和丰富的课程安排为我展示能力提供了很好的平台。高一第二学期，学校开设了 PS 选修课，刚开始接触 PS 的我果断报了名，于是每周一次的选修课上，我都可以在老师的指导下学习 PS，与同学交流经验。在不耽误学习，并顺利修满学分的前提下，我的爱好依然保留着。而且，每当班级举行活动需要宣传时，我也总能凭我的一技之长小露身手，将自己的成果分享给同学们，在同学们的建议下获得完善。同时，老师和同学们的赞美也给了我坚持兴趣的动力。

或许，正是这分坚持，让我在课内学习和个人爱好之间游刃有余。我认为，个人爱好与课内学习并无冲突，个人爱好可以作为释放和缓解压力的一种途径；同时，爱好可以辅助学习。例如，我在练习书法的同时记诵了不少古诗词，了解了不少古人的奇闻轶事，对语文学习起到莫大帮助；自学 PS 的过程中，我对电脑信息技术的认识更深一层；在享受音乐的同时锻炼听力；在看美剧的同时了解异域文化……寓教于乐的方式让我的学习倍感轻松。

当我遇到挫折时，我总喜欢一个人安静地坐着，听着喜欢的音乐，压力不知不觉间就得到了缓解；或是找个好友倾诉，分享彼此喜欢的音乐。对我来说，音乐是最好的调和剂。偶尔，我会随着歌声哼唱，唱出内心的压力和忧愁。我也曾经试着学弹钢琴，但因为对五线谱总是抱着无比头疼的感情，最终放弃了"不切实际"的幻想……

作为"90"后，我也爱逛百度贴吧、浏览微博，偶尔在百度贴吧写些文章，娱乐大众。当我遇到不顺心的事时，热心的网友总会用各种各样的方式帮我出谋划策，化解忧愁。网络是一个发泄情绪的好地方，因为这里有许多陌生却又善良的网民从世界各地向你传达温暖。失意时，总有几个好友站在身后。晚上，他们

就算有再多作业，总会与失意的我煲电话粥。我需要帮助时，他们会和我一起熬夜完成课题报告。压力大时，我们会一起去唱歌、逛街。无论何时，朋友的不离不弃让我走过一个又一个艰难的时刻。

向来乐观的我，压力与烦恼似乎并不多，我常常自娱自乐，被老师称为"身材虽小但内心强大的孩子"，是同学间的"永远长不大的小孩儿"，我总是保持着乐观的心态面对每一次挑战。坦然、淡然是我的处事态度，也是我对人生的态度。保持一颗平常心使我一直坚定如一，坚守自己的信念和梦想。

我的求学生涯

不可否认，素质教育的确对我的成长起到了很大的帮助，在小学阶段学习的知识是我们一生都将受用的，我们也学习了很多必须掌握的基本技能。基础教育不仅旨在传授知识，更在于造就每个人独特的个性、思维方式、价值观、世界观。可以说，基础教育铸造了每一个性格迥异的孩子。

就小学而言，我们学会了最基础的数学、汉字、英语、绘画、自然科学……这些都为后来的学习打下坚实基础。同时，这也是一个对世界形成初步认识的阶段，我们开始接触更多人，与同龄人的交流也开始变多，学会处理更多的事情，不只限于学习，我们开始懂得情感，并拥有真正的好朋友，而不是幼儿时代用糖果换来的朋友。然而，小学时代的我们对长辈更多的是敬畏，小学教育带给我们一个新奇的世界，我们小心翼翼地迈出第一步，身后有许多老师和朋友，还有父母鼓励的眼神。

但是，踏进初中的大门，教育便多了几分严格与应试，我们开始面临许多选择和舍弃。我们不得不为了学业放弃自己的爱

好，不得不成为正襟危坐的好学生。我们向纯真童年作别，带着依然稚嫩的脸庞迎接青春期。我们的学习更加深入、更加抽象，也面临更多的挑战。我们开始独立，开始掌握主动权，在迷惘彷徨中走完这段有朋友的艰辛旅途，明白好朋友的真正含义。

高中，我们学会用实践的方法让自己学习更多的知识。学校提供了丰富的课余活动，尽管高考的压力沉重，但是我们能在学习之余参加各种社团活动。我们常常会受学习困扰，站在人生的十字路口徘徊，我们或许会迷路、会受伤，但这些都是最宝贵的经验。这一阶段的学习让我们逐渐明确我们的梦想并为之努力。老师在此时更多的是充当心理咨询师、朋友，给予我们建议和忠告。我们的学习内容也开始向研究的领域发展。人际间的交往也更强调团队合作，而这一点正是每个人步入社会都要习得的精神。学校在重视考试的同时，也重视社会实践能力的培养。而我们也面临梦想与现实的差距，经历人生的重大抉择，接受高考的洗礼。

中小学阶段的基础教育对于每一位学生来说，既是考验也是宝藏，在学习的过程中有许多困难，每一步都是一次成长。基础教育的目的在于授予我们知识的同时，引导我们逐步领悟人生的道理。之所以是"基础"教育，因为它就像父母一样扶着我们、护着我们走过那一段漫长的旅程，它让我们受益终身。这样的教育同时也让学生在接受知识的同时，自己领悟了人生的哲理，总结了经验。我认为，基础教育对每个人来说都是必要的，接受教育的过程必然会有磕磕碰碰，受教育的过程就像是一次精神洗礼。教育的含义不止于教授知识，还有更深层次的育人。教育的目的不在于教出几个考上清华、北大、哈佛、剑桥的学生，而在于让每一位学生领悟到实现个人价值的重要性，让每个学生活出自己的精彩。

  基础教育作为高等教育的铺垫，使每位学生逐渐习惯脱离老师的帮助，独立解决问题，从而具备接受高等教育的能力。它更侧重教给学生方法，让学生进入高等学府后能够进行自主研究。基础教育主要是培养学生的能力，而高等教育则是让学生自主发展。对于学生来说，基础教育的铺垫让学生能够挖掘自己的潜力，而高等教育则可以作为一个让学生发展的平台。

  在我们的成长道路上，学校更多的是起到了一个领路人的作用，教育也从教知识逐渐上升到育人的层次，老师和家长在一旁辅助，基础教育帮助我们形成世界观、价值观。而高等教育所要做的就是帮助每一位学生完善自我，走入社会，实现自我价值和梦想，让梦想照进现实。

  也许，在中小学阶段的我们是在长辈的辅助下一路走来，然而跨入成年，我们将独自面对社会，用我们的智慧、勇气和自信去实现梦想。

北大不远

姓　　名：邱　枫
录取院系：新闻与传播学院
毕业中学：陕西省西安市铁路分局第一中学
获奖情况：全国中学生生物学联赛（省级赛区）三等奖
　　　　　陕西省中学生击剑锦标赛女佩个人第三名、团体第一名
　　　　　全国业余击剑联赛女佩第一名

> "乐之者"是学好一样东西的最佳状态,这时也许不能说是学,而是享受了。一个人如果不能在学习上得到自己想要的满足感,就会想去别处寻找。爱好是一种有力的强心剂,在你失望或无助的时候是一种支撑,从而给你走下去的信心和动力。生活中除了学习,我们需要另一样可以热爱的东西,让它将我们消磨在书本里的激情和活力寻找回来。

高考就像一次发烧,烧到最高时满脸通红,最痛苦、最难熬,但却是痊愈的必经之路。高考前的日子算起来挺多,真正过起来却快得让人不安。高考完走出考场的那一刻才真正紧张起来,说实话我并没有很强烈的感觉我会得到一个怎样的成绩,但直到高考成绩出来的那时我才敢相信自己真的做到了自己的最好,站在了自己从未站上的高度。因为我并不是一个一贯顶尖或是在竞赛上有突出表现的人,我唯一能做的就是一直为自己努力,不管得到的会是什么。

小学和中学我一直努力做一个让自己满意的人,在十二年的时间里我一直是一个很活跃的人,这是所有人对我的第一感受。我的成绩也不差,保持在班里十多名,不管是在普通中学还是重点高中。尽管我不是成绩最好的那个,但我觉得我一定是学校里最开心的一个。学习很重要,但一定不是我生活里的唯一,我努力让自己的生活中不只有学习,到后来我才发现这是我多么宝贵而且独一无二的财富。尽管我曾是一名特长生,但最终我以自己的实力用"裸分"考上了北大,我告诉自己特长生不仅有特长,学习同样可以"特长"。高中的时候,我既练就了一门本事又拥有值得骄傲的成绩,回想起来我至少不会为自己的高中岁月感到遗憾。

特长(或者说爱好)和学习,完成其中的一项对太多人来说十分轻松,但在这重要的三年里兼顾二者并且都能有所收获,的确不是一件容易的事。对于自己来说,要有勇敢面对困难并走下去的决心。

特长助我一臂之力

现在提到"特长"已经变得有些功利化,大多数人学习特长仅仅是为了考学加分或是和其他人有攀比的资本,要说真正对这项特长有多么大的热爱倒真不一定。我的体育特长是高一练起的,起初的目的仅仅是为了锻炼身体。高中的生活枯燥且单调,体育运动不仅可以锻炼身体同样可以释放压力,由于高一的学业繁重,直到高二分科后我才开始系统的训练。每天至少训练两个小时,没有晚饭时间,晚自习时间也只剩一小半。那段生活其实我很享受,除了学习之外还有另一种寄托,这是一个和书本不同的另一个世界。太多人说我过得很辛苦或是把自己弄得太累,我反而自得其乐。就是这样一天天的训练让我对击剑这项运动有了不一样的感受,不仅是体力的比拼也是智慧的对抗。高二的时候,整个年级参加训练的只有我一个人,每当我在训练馆里挥洒汗水的时候,他们正坐在教室里和书本奋力抗争,我甚至在上课的时间请假四处打比赛,现在想来其实并不后悔。竞技的对抗性是无法在与书本不停地"战斗"里找到的,而正是这种对抗性带来的巨大压力和紧张感让我逐渐适应和调整自己,我想这样的心

态正是让我在高考里有超常发挥的重要原因。

很多家长都认为在高中阶段继续学习特长或是坚持自己的爱好会影响学习，但我认为自己就是一个很好的反驳的例子。不能说完全没有影响，事情总是因人而异的，但可以从中协调，比如用成绩来衡量保持特长是否会影响学习，这是最有力的证明方法。正是因为我在进行体育锻炼的同时成绩并未有所下滑，有时甚至还有不错的发挥，并且身体也确实比以前强壮了，因此我的父母一直以来都很支持。并且有科学的研究结果证明，每天适当的体育锻炼可以提高学习的效率。在学生阶段，拥有一个自己的爱好不容易，能坚持下来更不容易，而能有所收获就更好了。但我们一定要掌握好度，不能因为爱好而耽误了最重要的事情。

特长到后来对我升学的帮助也是我原来没有料想到的，但当我知道我可以利用特长进入最高学府的时候，我才意识到自己也许真的可以进入曾经被自己视作云端的学校。尽管最后我没能通过特长走入这一学府，但的确是特长让我开始敢去想一想清华、北大这样的目标，我开始知道我有能力走入这样的学校。当有了去做的勇气，付诸行动其实是一件相对简单的事，付出全部努力，直到自主招生结束我才放下特长，一心冲击高考。这时学校也十分重视学生的身体，开始要求每天早上跑步、下午锻炼，而我就可以很安心并且淡定地每天稍作锻炼，保持好的身体状况和精神状态，尽管最终我不是以特长生的身份进入大学，但特长间接地给了我很大的帮助，并且进入大学后我也可以继续我的特长，而不是盲目地寻找各种社团。

"乐之者"是学好一样东西的最佳状态，这时也许不能说是学，而是享受了。一个人如果不能在学习上得到自己想要的满足感，就会想去别处寻找。爱好是一种有力的强心剂，在你失望或无助的时候是一种支撑，从而给你走下去的信心和动力。生活中

除了学习，我们需要另一样可以热爱的东西，让它将我们消磨在书本里的激情和活力寻找回来。如果真心地热爱就不会把它当成负担，为它所做的努力和付出我们心甘情愿，并且在另一个生活范围内可以认识更多的朋友，得到更多的生活经验。这不仅不会成为学习的阻碍，反而会让我们学会对待不同事情都应专注于其中，并且合理安排自己的时间。

学习的时候心思一定要单纯和简单，如果当初以一种功利的目的去训练和学习，我想我的负担和压力会比现在重得多。不管是处于情绪的低谷还是状态很好的时候，学着让自己沉静下来，想想应该做什么，跌倒的时候扶自己一把，飘起来的时候给自己一点打击，不到最后绝不是放弃或是庆祝胜利的时刻。不要太早给自己一个定位，徒增烦恼与压力，顺其自然，做好自己该做的每件事，那么结果不需要祈求也能顺遂心意。

◇ 学习之我见

学习是我们从懂事到现在的人生中很重要的过程，我们每个人都会的就是听讲、做题、考试，一直到完成一个象征性的终点——高考。在这段时间内的学习大多数人是被动的，对学习并不热爱但不得不做。我同样是这样，但一个人的能力和想法是分开的，尽管不喜欢但同样可以做好，因为这是责任，是我们这一阶段需要做的。中学期间听过许多高考的成功人士讲解自己的经验，听了肯定有所收获，但人有不同，每个人适合的学习方法和心态也是不同的。说实话，相比许多同学，我所付出的努力是远远不够的，特长占用了我大半时间，真正一心投入学习的可能只有最后一学期的时间，但学习上我并不觉得吃力，反而相对轻松，因为我告诉自己我只能做到我能做的，毕竟我学习的时间没

有别人多,只能靠效率取胜。所以,我对每次的考试并不求必胜,成绩好我会惊喜,不好我会失落,但在我的心里也会安慰自己这是正常的,并且高考前的每一次失败都是财富。这样一想,每次考试时我的心态就很放松,尤其是高考时,在经历了很多次模拟考试后,我坐在考场上是真的看淡结果,而是努力将过程完成到最好,就像奥运会田径赛场上一位并没有得到名次但让人敬佩的选手所说:"我的祖国把我送到几千里以外的地方来,不是让我参加比赛,而是完成比赛。"学习这件事情既然我们做了,就要努力完成。我常跟身边的人说只要努力了一定会有回报,该得的一定会得到,也许是现在,也许是未来,正因为我们期待着未来的丰厚回报,我们才更有动力去做好现在的事。

1. 方法和经验

学习方法和学习经验,身边的人灌输了太多,可很多人依然很迷茫,不知道什么是学习方法。在我看来学习的方法就是一种安排方式,这是要靠自己去摸索的,别人的经验只是一个模版,告诉你也许这样可行,但究竟是否适合你还要靠自己去摸索。我是一名住校生,相信很多同学都有这样的体会:如果身处一个学习气氛浓厚的宿舍中,即使是自己的学习任务完成后准备睡觉时,看着其他同学仍然亮着的台灯,自己或许会重新坐回台灯前。不为别的,就为图个心里的踏实,感觉比别人花费的时间更长、睡得更晚,成绩就能更好。不可否认,对于有些同学来说熬夜复习是一个提高成绩的好方法,而且还能在第二天学校的课堂上依旧保持清醒。但熬夜并不是我所提倡的,如果你心里总感到不踏实,完全可以通过实验来检验方法的正确与否。我就用两个月的时间进行了这样一次实验,结果是我比任何人睡得都晚、学得都累,但成绩反而下降得厉害,其实自己觉得好像并没有什么影响,但无形中我的成绩反映了我的状态。于是我明白这样的方法并不适合自己,还是应该提高学习效率,每天完成应该做的并且有所收获,就再也不会在乎其他人的亮到很晚的灯了,甚至可以安稳地躺在床上告诉自己:养精蓄锐同样重要,提高效率才是我提升成绩的最好方法。

2. 文科生的"死记硬背"

文科生对于文综的背诵记忆是少不了的,或许这正是许多人无比头痛的地方,我同样有这样的问题。一本书前前后后翻了几十遍,背了一次又一次,但忘得总比记得快。好像前面一次次的记忆没在脑子里留下任何东西,依旧是一团糨糊,"傻傻分不清楚"。随着高考的创新发展,文综题目的难度不断加大,甚至有的超越了普通中学生的能力水平,这正是我们脱颖而出的机会。简单的题谁都会,看谁细心,中高难度的题就是比拼实力和思维,它们考查的不仅是学生对课本知识的记忆和复述,而且包括学生利用所学的知识和方法来解决实际问题的能力。我认为不需要大段的背诵意义和作用,更多的是要培养自己对材料的分析运用。这种能力的唯一提升方法就是做题,仅仅依靠背书已经不能满足题目的要求,就算可以将书倒背如流,但如果连题目的要求都读不懂,写上满篇的文字也是无用的。老师也会对解题进行正确的方法引导,方法并不是很多人认为的万能答题公式,而是做多题后对同一类型或问法题目的做题感觉和经验。做题量积累到一定程度后一定会有进步,这不是轻率地下定论而是我自己的亲身经历,付出了多少只有自己知道,不要纠结于一时的失误或是失败,付出的努力只有足以感动自己时,你才有实力与成千上万的学子对抗。

现在的一个普遍的情况是不少人将语文课视为比较随意的科目,偶尔听听,经常利用语文课时间来补作业或是做其他的事情。但语文是一切学科的基础,学好语文是一个长期积累的过

程，它不需要像数学大量地做题，但每天都要阅读一些文字，或是积累一些成语。虽说语文的学习在短时间内不能拉开很大差距，但在高分阶段每提高一两分都很重要，尤其是高考的语文更是关键。我并不排斥在课堂上有时按照自己的计划走，因为老师的安排是根据大多数人的情况，况且老师讲课的风格不同，有些课实际上的内容含量并不多，完全可以兼顾的同时做些其他的事，但一定是同一科目，你可以在语文老师喋喋不休的时候去做两道语文选择题或是看一篇阅读，但一定不要去研究三角函数或者立体几何。每天保证不同科目的学习时间，才能做到不偏科，百花齐放。高考里的任何一门跌下去都足以颠覆整个成绩，只有保证每一门都在自己的掌握之中，高考才能十拿九稳，学习的经验没什么，唯一的标准就是自己不后悔。

3. 模拟考试

高考前的模拟考试是我们面对即将来临的高考最真实的接触方式，但我们心里都明白不管模考多少次，它毕竟不是高考，高考那种真正的紧张感是模考永远模拟不来的。但同样的模考只是模考，模考可以有十多次，而高考只有一次，所以当我经历后才发现，失败的过程很难熬，但最后一次的胜利在现在的升学制度看来就是最大的胜利。模考的作用是利用考试的方式复习所有学过的知识点，是更深层次的复习和拔高，成绩即使不好又能怎样，就把模考当作查漏补缺的工具，不要在考试的过程中欺骗自己。我们班级曾有一张表记录着每个人的高考目标和每一次模考成绩，我的目标是进前十，但我最好的成绩是全年级第十二名，甚至有几次模考，在我放下了特长专心学习的时候，我的成绩进入了前所未有的低谷，那种心里的挣扎和难过是难以形容的。我的确很失望，身边的很多人如老师、家长也很失望。但放下卷子，高考还没拼到最后一刻还不知道真正的结果是什么。有一句

话：把自己当作弹簧，蹲得低才能蹦得高，就这样我在最后的三次模考里逐渐找回状态，并且在最后一次考试中完成了我的跳跃。我学会告诉自己：自己的实力不比任何人差，不要让模考打击到自己（这反而是一种激励）；不要让身边同学或是家长的情绪影响到你，只要做了自己该做的，不管分数怎样，我都可以接受，绝对不会后悔。每一道做错的题都是财富，错就错了，再来一遍、两遍甚至三遍，直至弄懂，心里的满足感就会慢慢转化为自信。高考中最重要的就是要相信自己，不管做了什么选项，写下什么答案，唯一要做的就是坚定自己、相信自己。正确答案永远在自己心里，而不是别人的卷子或是答案本上。

4. 高考心态

在高考没有到来之前，我们会有各种设想，高考前大家的状态也是千姿百态。有人用睡觉祭奠，有人挑灯夜战熬红眼，有的学校放假，有的学校坚持到最后一天。对待高考前一段时间的安排，很多人走入了误区，认为回家复习最好，不受老师的管束和其他人的打扰。但经过众多人的实践，这种做法在大多数情况下并不能收获理想的效果。几天还可以，一旦时间长了很多人就会在家过于放松，没有在学校的警备感。不管放不放假，首先不能打乱之前的作息规律和学习习惯，平时怎么样，现在就怎么样，不要紧张得整夜失眠，也不能玩得昏天黑地，抱有"大考大玩"这种想法的人，你们真的不考不玩了吗？高考是知识、心态和运气的结合，知识是一定的，运气是捉摸不透的，只有心态是变数最大的，但我们却能掌控，也是在关键时刻最要紧的一种因素。我想我高考成功的最大的因素就是保持良好的心态，它来源于无数次考试的积累和无数次失败的教训，来源于特长带给我的平常心，也来源于我对结果的淡然。

高考，来得快去得也快，转眼已经过去了两三个月，那些拼命努力的日子开始有些模糊。记得在百日誓师大会上，同学们激动的叫喊和斗志昂扬的姿态令人难忘。高考前的最后一百天过得尤其快，世界只剩下卷子和书本，但我的付出终究还是换来了收获。即使我依然没有站在最高处，我依然是十几名，但我已经足够欣慰，我心里明白这就是我应得的，我做到了自己曾做过的最好，我也相信我还能更好，也相信你们也能做到更好。

北大如果曾经是梦想，那么试着将它变成现实，从梦想到现实的跨越虽然很艰难，但我们其实都可以做到。

高中漫谈

姓　　名：姜天宠
录取院系：信息科学技术学院
毕业中学：黑龙江省哈尔滨市第三中学
获奖情况：全国中学生英语能力竞赛国家二等奖
　　　　　第 24 届全国高中学生化学竞赛（省级赛区）三等奖
　　　　　全国中学生生物学竞赛优胜奖
　　　　　全国高中数学联赛（省级赛区）三等奖

> 如果说学习是主食，那么课外活动与爱好就是菜和汤，光吃主食的确可以充饥，不过要健康成长绝对少不了菜和汤。同时，不同学科是不同的主食，馒头与米饭同样重要，偏科是万万要不得的。再来说菜和汤，有一个爱好是一件幸福的事，尤其当这个爱好伴你走过了很长时间，成了你一生的精神寄托。

稚嫩的童年时代

转眼间，距离高考结束也已经两个多月了，十二年的寒窗苦读终于得到了回报。我依然记得小学时，一笔一画地写在田字格上的字；课堂上，一字一句跟着老师朗读课文。那时的孩子是多么愿意表现自己，上课多么踊跃地举手回答问题，他们有一个共同的目标——"小红花"，以及在红花榜上的前三甲。或许那时，他们的心理与奥运健儿并无太大差别，付出便是为了那份荣誉，而当时他们的那份荣誉便是同学羡慕的目光，以及老师、家长赞许的眼神。

小学与幼儿园相似，学的是最基本的习惯，是"饭前便后要洗手"，学的是"讲文明、懂礼貌"，学的是许许多多以后可能被遗忘的东西。

◆ 逐渐成熟

初中与小学便有了很大差别。

如果说小学是养成习惯的阶段，那么初中阶段便是学做人。在这个学生逐渐有自主意识的阶段，的确需要有好的引路人。个人认为，初中是对一个人人格形成最重要的阶段。小学时的许多是非观需要再次加深，而加入的一些新科目也使得学生对社会科学或自然科学的兴趣愈加浓厚，也为今后的文理分科埋下最初的种子。自然，初中也更加需要学会自我"克制"，比小学更加忙碌的学习生活让我们需要克制懒惰，更加复杂的环境让我们愈发需要坚守。当然，你会发现，当初积极举起的小手也逐渐转化为被老师点名回答问题。这大概是一种退步，所谓的"克制"多了，"枷锁"多了，渐渐地束缚住我们的心灵。学习的确是在克制中进步，只是克制这个度又该如何掌握？这应该是我们要解决的问题。

◆ 成为"小说"中的大英雄

高中像一部气势磅礴的小说。在这个拥有千军万马的战场上，我们每个人都是一个斗士。每个人有不同的天赋，有不同的性格，也有不同的际遇。我们付出的不同，但我们有共同的目标，我们要在高考的战场上取得胜利。高中三年过得真的很快，弹指一挥间，便是毕业。高一，所有科目大军压上，每门课程都很重要，理科有它的严谨，文科有它的感性，艺术有其特有的魅力。提到这不得不说高二的文理分科，这个问题一直都是争论的焦点。当然，确实文理分科与不分科各有利弊，但我更倾向于二者都学。一方面，人的大脑只被开发了很少一部分，人有能力同时学好文科与理科乃至更多的学科，而反过来，学习不同的知识也有利于开发人脑的不同部分，形成良性循环。另一方面，前一段时间有一篇报道，说的是国内很多文科生的科学素养很差。当然，理科生的人文素养也没法和整天与文科打交道的同学相比。这的确应该让我们反思，文科与理科的综合学习可以让学生的综合素质得到极大的提升，理性与感性相结合，也能让许多同学在获得高智商的同时拥有高情商。这才是新世纪需要的人才吧！

　　高中阶段虽然课余时间相对较少，但丰富的校园活动给同学提供了更多锻炼的机会。这就涉及怎样处理课内学习与课外活动、个人爱好之间的关系的问题。如果说学习是主食，那么课外活动与爱好就是菜和汤，光吃主食的确是可以充饥，不过要健康成长绝对少不了菜和汤。学习如同吃饭一般，"人是铁饭是钢，一顿不吃饿得慌"。无论如何，这是我们最主要的任务，每日都要吃饭，学习也贵在坚持。"骐骥一跃，不能十步。驽马十驾，功在不舍"说的也正是此道理。同时，不同的学科是不同的主食，馒头与米饭同样重要，偏科是万万要不得的。再来说菜和汤，有一个爱好是一件幸福的事，尤其当这个爱好伴你走过了很长时间，成为你一生的精神寄托。音乐能陶冶人的情操，我很羡慕那些会一门或几门乐器的同学，当然也敬佩他们当初的付出。从这个意义上讲，学习乐器及其他艺术与狭义的学习是相通的，即经年的积累换来最后的爆发。而本人更喜欢在课余时间运动，正所谓"生命在于运动"，万事万物又都是运动的，运动可以让我们强身健体、减轻压力，让我们有更多的精力去学习，更可以让我们交到很多好朋友，学会团队合作。菜和汤可以让主食更加可口却不可以代替主食，这或许就是学习与课余活动和爱好的简单关系。

这有一个特例,就是电脑游戏。在我眼里,电脑游戏就好比甜品,很多人爱吃甜品,甚至会因此控制不住嘴。但甜品吃多了会发胖,甚至影响身体健康。所以,可以说电脑游戏对许多学生的影响是巨大的。电脑游戏从一定程度上让人可以摆脱现实世界,在另一个世界扮演在真实世界扮演不了的角色。虚与实,很多大人都分不清,何况孩子乎?所以,在学习阶段请珍惜身体健康,远离"甜品"。

高中阶段压力很大,我们更是要面对许许多多的挫折与困难,在考场上,没有"常胜将军",一两次失利是再正常不过的事,这就需要我们在第一时间做出调整,尽快走出低谷。第一,不要妄自菲薄,很多人都知道要相信自己,但是不是所有人都做得到。第二,你可以向老师、父母或学长求助,作为过来人,他们有很多经验可以与你分享,他们比你更加成熟。第三,向朋友倾诉,作为同龄人,他们会给你最大的支持与鼓励。当然,压力与挫折也不仅仅来自于学习。人无完人,在校园生活中,你也不可能获得所有老师和同学的喜爱,有与你亲近的人,自然也就会有与你相对疏远的人。在人际交往方面,真诚最重要,只有用真诚的心对待别人,自己才会收获最真挚的友谊。同时,对待他人要求同存异,要试着推己及人,换位思考。有和谐的人际关系,才能有更好的心情去学习。

到了高三,各种考试、各种"模拟"接踵而来,没有准备的同学一定会焦头烂额,所以一定要有很好的计划,到了什么时间该做什么,要走在考试的前面,而不能让考试牵着你的鼻子走。同时,一定要劳逸结合,高三阶段我们不仅要拼学习更要拼体力、拼耐力。有健康的身体,你才能在小说的结尾成为那个"大英雄",实现自己的理想。

家庭、学校的配合

很难说学校和家庭到底哪个对孩子的影响更大。对于我来说,父母是大学教授,对我的影响也是潜移默化的。渐渐地,我也习惯了父母的为人处世方式,待人真诚,做事平和,当然还有较为良好的学习习惯。我认为宽松的但却不乏引导的家庭环境最适合孩子成长。这也同样适合学校,因为在这样的环境中,孩子更容易自愿地"克制"而不是迫于长辈的压力,这样的"克制"也更容易延续。与此同时,孩子的自觉性也在不知不觉中养成了,自学能力也在不断提高。

我的学习经验

很多时候,有许多好学生说不出学习经验,不是他们不想与别人分享而是没办法分享,有些经验是只适合自己的。如果什么经验只要听过就能应用、就能奏效,那所有人就都能考第一了。而我现在写的所谓的学习经验不过是以一个过来人的角度,回首过去,站在一个更高的角度看一个个当时困扰过我们的问题。对于现在作为当局者的你,这些经验的实用性可想而知。不过我还是从大体上谈一下所谓的经验,这里更多是应试经验。

对于语文和英语的学习,积累尤为重要。当你培养出语感以后,很多问题都能迎刃而解,这在英语的单项选择和完形填空上体现得尤为明显。那么,该如何培养语感呢?多读,出声地朗读——这是本人亲身试验过的。另外,这两个学科中都有作文,写一手好字是重中之重,这在作文得分上体现得很明显。作文的审题是关键,一等文、二等文、三等文之间的分差可不是小数目,一个闪失便会让你难以承受。

再来说数学。对于高考来说，全国卷要略简单，选择题、填空题一定不能当解答题做。选择题可以利用代入检验、特殊值检验、数形结合、极限法等方法来解答，甚至可以进行类比推理、合情推理等。逻辑推理并不很适合选择题、填空题，当然这并不是投机取巧。华罗庚老先生就说过："数缺形时少直观，形少数时难入微；数形结合百般好，隔离分家万事休。"至于解答题，先前提到的许多方法也适用，可以帮助你先找出答案再根据答案确定合适的方法，当然写出完整的步骤也是十分重要的。

最后来说说理综。个人认为理综主要考察有这样几点：速度、准确性、心态。总结起来就是要稳、准、狠！要想答好理综，练习数量是一定要够的，否则速度与准确性是难以保证的，而心态问题则是需要在每一次模拟中进行调整。而且，看教科书也十分重要，很多细小的知识点在做题中难以碰到，但不出意外，所有的知识点都是在书中的，因此一定要把教科书读透。

在这个夜晚，努力写完这篇文章，我心里还是格外的激动，想到马上就要迈进北大的校园，就好像进入自己的梦境般。在此，也祝能看到我这篇文章的学弟、学妹们能有所收获，梦想成真。

十八岁断想

姓　　名：黄逸岑
录取院系：外国语学院
毕业中学：江苏省南京外国语学校
获奖情况：2011年全国中学生生物学联赛（省级赛区）一等奖
　　　　　2011年全国中学生生物学竞赛三等奖
　　　　　2010年"冯茹尔杯"江苏省高中学生化学竞赛一等奖
　　　　　第25届全国高中学生化学竞赛（省级赛区）二等奖
　　　　　第28届全国中学生物理竞赛（省级赛区）三等奖

> 爬山的时候换一条新的路线，体验别样的风景；用餐的时候换一家新的饭馆，体验另一种美食文化。从小的方面来说，这能让我们换一种心情，增加生活乐趣；从大的方面来说，这能让我们永远保持积极向上的心态，永远充满朝气，永远有收获、有进步。

十几年前的誓言还犹在耳边，而今年秋天我就即将北上，来到年少时梦想的地方，开始一段新的征程。

回忆走过的求学道路，有过彷徨，也有过坚定；有过迷茫，也有过执著；有过挫折，也有过成功。我想写下自己的一段心路历程、一些得与失，既是回顾自己走过的一段路，也是希望或许能够给学弟、学妹们一些帮助。

 年少有梦，追梦的旅程痛并快乐着

电视剧《医者仁心》中的钟主任说过一段话，"理想不仅仅是为了让我们去追求、去实现，而是因为它的存在，让我们实现的过程变得纯洁和干净"。这段话激起我深深的共鸣，也最符合我此刻心里想表达的情感。

从十二岁到十八岁，一个梦想让我从懵懂孩童渐渐成熟，也让我对梦想的定义又加深了一层。我们这个年龄的孩子，有的对于未来完全没有想法，有的有些模糊的期盼，也有的有清晰具体

的梦想，而我属于最后一种。不知从什么时候起，我执着而坚定地喜欢上了医学，并渴望当上一名医生，仁心仁术，悬壶济世。而实现这个梦想的必备条件，是出类拔萃的成绩。进入初三，我的数学成绩真的算不上出色，或许是因为班上数学成绩优秀的同学太多，导致我的数学成绩始终不能给我带来安全感。记得每次数学考试成绩出来，多半不能达到我的要求，站在回家的公交站台上，深秋的凉风吹过，我心里常常责怪自己怎么这么没用，快要流下泪来。那段时间，我对自己的数学成绩有着近乎疯狂的在乎，考得不好我就觉得梦想渐渐离自己远去，伤心、失落、不甘、着急。解决方法自然是对于数学疯狂的学习。那时，听说哪儿有好的补习班我就会奔过去，有时候刚刚放学，还来不及回家，来不及吃饭就跑去上课，然后夜深人静时才到家，又继续挑灯夜战，却从来不觉得累；考试不理想，不是沮丧，而是认真分析为什么错，问同学、问老师，直到弄懂为止，避免下次再错；做过的习题、老师上课的笔记，回来都认真地消化巩固，用不同颜色的笔给它们分类，细细地注明难点、易错点，有时还记录下自己做题的心得，哪步没想到，哪步应该再简洁些……数学成绩的改善不是一朝一夕就能完成的，我却从没想过要停下来放弃。老实说，我并不是一个特别能坚持的人，那段时间的坚定执着，现在想想，亦觉得神奇，或许这就是梦想的力量吧。功夫不负有心人，经过长期艰苦卓绝疯狂的学习，我的数学成绩有了明显的起色，在中考的时候也没让我失望。

曾经羡慕过一些同学生活得简单快乐，而自己却好像背负着沉重的包袱。现在的我却十分庆幸自己的这一段经历，即使自己最后没有实现梦想，但在这个过程中我学会了坚强，无论现实怎么打击我，站起身来继续向前；在这个过程中我学会了坚持，无论遇到什么困难，我都会想想自己的梦想，然后继续前行。

我一直觉得，对于瞬息万变的社会，我们的确知之甚少，很难说出我们想要什么，想成为什么样的人，因此没有梦想倒也无可厚非。而对于有梦想的人，我觉得我们关注的不应该是我们最终是否圆梦，而是在实现梦想的这一条路上我们有没有学到些什么，有没有成长起来。如果有，即使我们没有实践自己的梦想，也不枉走过这一段路，至少在我们老了之后，回忆年轻的时候，可以自豪地说我们实实在在为自己的梦想付出过努力。只要你尽到了自己的责任，你就可以问心无愧，也就是不后悔吧。

✦ 相信自己，乐观勇敢去闯

或许是因为从小父母对我要求比较严格，我一直不够勇敢，还常常没来由地担心。我常常担心弄不懂即将学的知识，担心在考试中发挥失常。就好像在初三阶段，我一方面非常想实现梦想，一方面又觉得不可能，所以内心异常痛苦。这时候有个人跟我说了一句话——没做过的事怎么会知道结果。是啊，没有发生的事不必担心，已经发生的事一件件解决。为何要事先给自己设置障碍，限制自己的选择，最终让自己与许多良好的机会失之交臂呢？这样一想，心态就放松了，心情也开朗了，学习也更专注了。

记得高一暑假时，我只身一人，历时40个小时，转机飞往美国加利福尼亚州参加一个交流项目，与那里接待我的家庭共度了20天的时光。刚去那里的时候，因为一路辛劳，时差没有倒过来，而且也不太适应，我晚上根本睡不着，白天就很不舒服，于是就开始想念家人，想回家，想放弃。那是一个很小很普通的小镇，我担心自己只能在那里待着，不能出去游历，不能实现见见世面、体验异域文化的初衷，心中不免很是失落。然而20天之

后,我觉得之前的担心根本就是没有必要的,在这段时间里,我的接待家庭带我坐火车去了他们住在山里的亲戚家,让我欣赏到了城市里看不见的美景,还与各式各样的人交谈;他们带我去教堂、去图书馆、去各种超市商场,去跟他们的孩子上吉他课、上中文课;他们带我尝试游泳、攀岩、滑冰;而且每日三餐都样式丰富,从不重复,既带有美式的简捷,还有着浓郁的墨西哥风味。20天的生活我感到充实而又愉快,让我体验了原汁原味的美式生活。20天的坚持,到达终点的我,庆幸自己走了过来,庆幸自己没有轻易地放弃。这次旅行,我收获到的远不止见见世面、体验文化,还学会了不能事先给自己设置障碍,不能还没尝试就先拒绝,没做过的事怎么知道结果呢?

我一直很喜欢理科,尤其喜欢生物和化学,也一直参加学校的竞赛培训课程。高二"小高考"(即会考)结束之后,同学们基本上就开始了高考的准备,很不巧,各科竞赛的初赛、复赛也安排在这期间。一同学习竞赛的很多人认为自己不是理科实验班的"神牛",而且女孩子理科学得更是没有男孩子好,与其花时间在不一定有结果的竞赛上还不如早早准备高考,便放弃了竞赛的学习。我也有过犹豫,但想到"没做过的事怎么知道结果",为什么不给自己一个尝试的机会,挖掘一下自己的潜力呢?最终,我选择了坚持,尽力平衡好课内学习与竞赛的关系,最终也在竞赛中取得了令人满意的成绩。而对于我来说,获得的奖项固然重要,但更重要的是,这次我学会了相信自己,不轻易地放弃,自信乐观地去尝试、去闯、去走那条我热爱的道路。

◆ 化羡慕为动力,不断奋斗

这个体会是我走过保送季所得到的,那就是没有人的面前有

清晰明朗的未来，一切都是靠自己不断地奋斗所得来的。机会总是垂青有准备的人。

因为我是一个有点自卑的人，从小又一直对北大有着浓厚的向往之情，因此我一直很羡慕那些早早获得保送资格的人，觉得他们面前有灿烂美好的未来，而自己的前方是什么，我并不知道。然而，后来的事有点出乎我的意料，那些人中，有的理科极好却有些偏科，有的获奖之后松懈了下来，我曾以为他们唾手可得的名校录取通知书离他们远去了。而我，凭借自己一贯的勤勉与认真，一直的坚持与努力，最终获得了北大的青睐，我想我无法描述内心的喜悦、自豪还有感动。而这件事更让我明白了一个道理，没有任何人可以不努力而拥有灿烂美好的未来，因此也没有必要羡慕别人，只要自己努力奋斗，一样会收获期待的未来。再者说，在人生的道路上，永远会有比我们更优秀、更出色的人，有的人会心态失衡，心生嫉妒，有的人会自己先泄气，觉得不如他人，进而放弃努力，我觉得这两种都不是正确的心态。遇到杰出的同龄人时，如果我们想成为他们，光羡慕是没有用的，不妨看看他们有什么优秀的特质，虚心学习，努力奋斗，我们也一定能有长足的进步。

◆ 挫折磨砺品格，失败乃成功之母

人们都说我们这一代的孩子没有经历过什么挫折。作为一个乖学生，我的求学道路也一直是顺风顺水，可是如此重要的"小高考"我却考砸了。当时我就慌了，似乎大家都站在起跑线上，我却只能站在起跑线后，与大家有着一段距离。更糟的是，或许是因为抛弃"大五门"的时间有点长，重新开始上高考科目的课时，我竟有些不适应，一度觉得人生写不下去了，很想翻一页，

重新开始。我要怎么办？是放弃自己的理想，随便上一所大学算了，还是从今天开始努力，争取在别的地方弥补回来？我非常感谢父母还有老师在那段时间对我的安慰、鼓励还有支持。他们告诉我，即使"小高考"再重要，也仅仅是一场考试，并不能代表你的全部，更不能代表你的未来，你还有时间准备高考，你还有喜欢的竞赛，要不要继续？这些话让我如梦初醒，原来我一直停留在过去，停留在已经发生再也无法改变的事实中，却从来没有想过未来，哪怕是最近的下一步应该怎样去做。清醒过来，我立刻调整自己，让自己异乎寻常地忙碌起来。我在完成校内学习任务的同时，更加努力地学习竞赛知识，还参加了学校组织的辩论赛、模拟联合国社团活动。结果，我在期中考试中取得了不错的成绩，竞赛也有获奖，参加活动也结识了很多朋友，拥有了一段美好的经历。而原本我觉得太过于忙碌的安排，自己竟也能应付得来，甚至乐在其中，还出其不意地挖掘了自己的潜力。所以我想说，挫折真的不可怕，怕的是被挫折打倒，爬不起来。一方面，我们不要沉湎于往事，而是要早早清醒，直面现实，回归正常的生活，看看是否有弥补的办法；另一方面，挫折恰恰暴露了我们的某些问题，仔细分析"小高考"为什么会失利，我觉得学习方法有待调整，的确，之后的成绩再没有让我太失望。

✦ 乐于尝试，敢于挑战，奋勇拼搏，不懈追求

关于我追求的生命姿态，我想用三个关键词来形容：拼搏、乐于尝试、挑战自我。

我觉得拼搏真的应该成为每个人生活的一部分，而拼搏的姿态一定是最美的。我很喜欢的韩剧《大长今》中，韩尚宫娘娘曾对长今有过这样的评价："在别人休息的时候，你总是睁大双眼，

永远准备着要重新开始。你是即使把你抛在冰上,也一定可以开出美丽花朵的种子。"的确,主人公长今无论身处怎样的逆境,都永远不轻言放弃,而是奋力拼搏。无论是一同进宫的小宫女在无忧无虑地玩耍,她却得天天端水,找一百种不同的水、一百种不同的蔬菜,还是一个人在天寒地冻的济州岛学习针灸,同时还不得不忍受老师的偏见,她从没想过放弃,甚至没叫过一声苦,没抱怨过一句,而是默默地拼搏,想着有朝一日可以完成母亲与韩尚宫的遗志。就像汪曾祺说的那样,"我不去想能否成功,只要选择了前方,便只顾风雨兼程"。将长今作为我的偶像,也是因为欣赏她这样的品质,希望无论面前是什么,自己都能欣然面对、坦然接受、奋然前行,带着乐观的心态与拼搏不服输的精神。

乐于尝试新的事物,敢于挑战自我。爬山的时候换一条新的路线,体验别样的风景;用餐的时候换一家新的饭馆,体验另一种美食文化。从小的方面来说,这能让我们换一种心情,增加生活乐趣;从大的方面来说,这能让我们永远保持积极向上的心态,永远充满朝气,永远有收获、有进步。

记得高一的时候,南京博物院招聘志愿讲解员。博物院里一个个装饰得美轮美奂的文物展品,呈现着令人赞不绝口的工艺,展示着古代劳动人民智慧的结晶,诉说着悠悠的历史,我被这些深深地吸引了。我的性格一直比较内向,在公共场合讲话总会或多或少有些不好意思,为着这份喜好,我只能硬着头皮上了。报了名之后,我拿到一叠厚厚的讲稿,"全部背下来,然后去现场考试。"负责的同学轻描淡写地说,然而光背下来还不够。一周后,我们来到南京博物院,跟着专业讲解员练习看着展品来讲解,练习专业的目光、站姿还有走步。考试结果不容乐观,我们去参加考试的同学没一位通过。有的同学就此放弃了,我却不肯罢休。于是,每天在回家的路上我都会拿出稿子来背几句,还在爸妈的面前进行模拟练习。一周之后再去考，我幸运地通过了，拿到了志愿者证。这件看起来很小的事锻炼了我的胆量与口才，使我能够更为大胆流畅地与并不熟悉的人进行交流、沟通。而一年多的志愿者经历也同样给我留下了深深的印象，我不仅能够对南京博物院漆器馆的文物如数家珍，丰富了自己的知识，同时，长期埋首书海的我，还借助博物院这个舞台，得到了接触各式各样的人和了解社会的宝贵机会。不同年龄，甚至是不同国籍的参观者，他们迥异的参观习惯，让我禁不住想，将来的自己会是哪一种呢？

记得高二上学期的时候，我获得了一次参加模拟联合国社团活动的机会，因为时间安排临近期中考试，搭档很难找，但我又不想放弃这次机会，索性选择"单代"，这对我也是一个不小的挑战。我举牌子争取发言机会，落落大方地上台阐述代表国的主张与想法，尝试沟通与磋商，会后有模有样地在记者招待会上回答问题。这次活动再一次增强了我的沟通技巧，同时也让我学会超越一己之得失，以全球的视角看待世界性问题，我获益匪浅。

关于未来

我想引用很喜欢的《医者仁心》里的一段话来结束这篇文章："想想你想成为一个什么样的人，成为这样的人你还缺什么，然后努力地去磨炼自己。"很遗憾在过去的这么多年来，虽然对自己想成为什么样的人有着再清楚不过的认识，但终究没有成功。大多数的时间里我无法放过自己，无法面对不能守护多年梦想的自己。然而我还喜欢一句话，"往者不可谏，来者犹可追"。无论如何，那都是过去式了，希望未来，如果再有梦想，我能让它变为现实，在老去的岁月里，少留下点遗憾。

活在感恩的世界里

姓　　名：陈高源
录取院系：哲学系
毕业中学：福建省福州第一中学
获奖情况：2011年"第三届海峡两岸中学生演讲大赛"团体
　　　　　一等奖、最佳才艺表演奖、最佳口才奖

> 感恩一直呵护着我、疼我、宠我的母亲。用她的话说："好孩子就是宠出来的，我就要宠我的儿子。"正如净空法师的格言所写："活在感恩的世界里，感激斥责你的人，因为他助长了你的智慧；感激绊倒你的人，因为他强化了你的能力；感激遗弃你的人，因为他教导了你应该自立；感激欺骗你的人，因为他增进了你的见识；感激伤害你的人，因为他磨炼了你的心志……"活在感恩的世界里，感恩一切众生给予我的助缘，感谢所有帮助我、支持我、肯定我的人，同时也感谢一切伤害我、斥责我、否定我的人。

十八年的时光匆匆流去，或许作为学生的我们每个人都学习了许多方面的知识，从"尧舜禹"到"马列毛"，从亚里士多德到牛顿、爱因斯坦，上至天文，下至地理。可是我相信，一旦我们离开课堂、离开学校，这些东西都会渐渐地从我们的脑海里淡去，唯有十多年所沉淀下来的传承于父母亲人、师长学长的人生道理不会淡去，且越悟越懂、越悟越深。感恩世上一切真善美对我的滋养，让我从幼稚懵懂到不断成长、成熟。感恩佛法对我的哺育，让我明白感恩是既要感恩每一个帮助过我的人，也要感恩每一个伤害过我、斥责过我的人……于是乎，我理解了"感恩"。活在感恩的世界里，处处有感动，处处有感恩。

妈妈时常告诉我，我是剖腹产出生的，当时她需要在医院里面住十几天。从我出生的那一刻起，奶奶就寸步不离，守在我们母子的身旁，照顾我们。我从幼儿园、小学到初中阶段的每周一到周五，奶奶都在我家帮忙照顾我，周五傍晚才回乡下老家，周日晚上又赶回城里到我家来。十几年的时光，奶奶都是这样来来去去地奔波。记得我读小学的时候，每天放学，都是奶奶去校门口接我，她总怕我的书包太重了背着辛苦，总要帮我来背；一到家，她就端出准备好了的绿豆汤、鱼汁、萝卜汤、水果等各种各样的东西让我吃。有的时候我玩电脑、做作业，奶奶甚至要把饭菜装好拿到书房里，看我吃下去，她才安心。善良淳朴的奶奶没念过书，也不会讲普通话，因为和奶奶在一起，所以儿时的我学会讲流利普通话的同时，也自然而然地能说一口流利的福州家乡方言……往事历历在目，感恩之情铭记于心！

感恩一直呵护着我、疼我、宠我的母亲。用她的话说："好孩子就是宠出来的，我就要宠我的儿子。"是的，我小的时候，要学钢琴、学吉他、学萨克斯，到后来我又想学声乐，不管学费有多贵，妈妈都无条件地支持；我提出买书本、乐器、MP3、游戏机、电脑、演出道具等各式各样的东西，妈妈从来不计较费用有多高，只要是我想要的都满足我；我的任何决定，妈妈都坚定地鼓励我、支持我、更相信我。我中考报志愿的时候，爸爸担心考出来的分数不理想，建议我填报离我们家一弄之隔的福州三中，我说哪怕我只能去差的学校也要搏一搏，去报考福州一中，这时候妈妈说："儿子，你想考哪里，想怎么填你就填吧。妈妈相信你可以的！"就这样，我最后考入了福州一中。高一后文理分科，妈妈也支持我的选择，"喜欢报文科你就报吧。我的儿子是最棒的！"后来，原本住校的我提出在外面租房子更适合，妈妈也毫不犹豫，马上替我找房子。当时申报北京大学校长实名推荐的时候，妈妈反复鼓励我多尝试、多参与，她说："你一定要写申请，你不试一试怎么知道自己行不行呢？我儿子这么棒，哪

怕这次失败了,你也经历过了,绝对有收获,也一定不会后悔!"感恩我有一位这样伟大的母亲,您是我的死党,是我最忠实的粉丝、最坚定的支持者!谢谢我的妈妈!

我除了有一位一直都支持我的母亲之外,还有一位几乎一直都"反对"我、一直都和我不断辩驳的父亲。而此时,我想对爸爸说:"儿子小的时候只知道和您拌嘴,现在我知道了,小时候您限制我玩电脑、听 MP3、玩游戏机,是怕我不能自控耽误了学习,您让我明白放松不是放纵,现在我能把握好这个度。当初您不让我填报一中是为了保稳,怕考的分数如果不理想,连三中也去不成了,只能再往下一档去选择普通的学校了。同时,您也担心一中是住宿生活,吃的是学校食堂,而且离家很远,周末回家坐车还要转几次车都不是很方便。谢谢您让我明白了,为了自己的追求,要学会承担失败的考验,同时,您也让我第一次知道是到了该脱离父母怀抱的时候了,到了该独立的时候了。我要报文科您也会发表不同看法,您说理科的专业选择面更宽,就业面更广,报理科好处更多。谢谢您把理科的诱惑力全部都陈述给我听,让我再三思量,最后我学会了对自己兴趣的坚守。后来,学校在排练后期临时让我去担任"建党九十周年"演出的男一号,那时生物会考、期末考也马上来临,学业很紧张,您建议我不要去,要以学业为重。儿子知道什么叫负责,学校交给我的任务,我责无旁贷,同时我也会记住您的话:"要把学业照顾好。"感恩与我不断辩驳的父亲,谢谢您让我学会不断倾听"不同的声音",不断形成自己独立思考、独立抉择的能力,不断审视自己的目标,不断地成长!

我第一次在福州一中观看的"高雅艺术进校园活动"是中央歌剧院的演出,当时我就被现场宽广、浑厚共鸣的美声所吸引,我便想要在课余时间拜师学习美声唱法。父亲经多方打听认识了

活在感恩的世界里

一位老师,我们约好了时间去拜访他。到了那里,老师先让我弹钢琴和吉他,然后问我想唱什么歌,他来伴奏并认真听听我的声音。我那时对于美声唱法完全不了解,也不知道什么曲目难、什么曲目简单,只知道什么歌我爱听,我跟老师说我想唱《那就是我》。于是,我就随着伴奏勉强把这首歌唱了下来,其实我后来认真学了声乐唱法才知道那时候唱得是很差的。唱完了歌,那位老师说:"你对美声唱法有兴趣?"我说:"是的。"他说:"你以后想当个歌唱家?"我说:"挺想的。"他说:"在我这里有几个学生学钢琴,他们都想当音乐家,每天练琴的时间都在10个小时左右,你能做得到吗?"我说:"我还在学校念书,恐怕这个有困难。"他说:"那你凭什么说想唱好美声?像你这样的学生,背个吉他、会弹钢琴、想唱歌,去北京我随便一抓都会有好几个人符合。你说你在学校参加合唱团,业余的学生合唱团没什么了不起的,只是一些经历罢了。我这里有很多学生想学声乐,说实话你的嗓音条件一般,而且你才刚开始练,虽然你以前学过很多乐器,音乐基础还行,但是……"那时我年轻气盛,没听完便扭头出门就走了,以后也没再和那位老师联系过。现在想想,那似乎也已经成为我难忘的一次教训——几乎被一个老师给彻底否定了,让我深感受挫。可也许正是他的"否定",让我更加坚定了对于美声的热爱,对于艺术的追求。后来,我有幸结缘了福建艺术职业学院音乐系主任王老师,在那里我学了三年的美声唱法。王老师非常随和,歌唱得很棒,教学也很认真。三年来,在老师的指导下,我收获颇多。感恩王老师的悉心教诲!同时,我也感谢当初那位"否定"我的老师,是您让我更加坚定了自己的信念,更加发奋地学习声乐!

刚进福州一中不久,我便去报名参加学校的话剧社团,经过初试、复试,最后得以进入。来到剧社之后,第一个任务便是要进行元旦文艺会演节目的试戏、选角。选角是每位社员读角色的台词，根据读台词的好坏来决定角色由谁来饰演。当时，我自认为我的台词读得绝对没有问题，随便读一下就可以读很好，可是后来公布角色名单的时候却没有我的名字。我心里面非常不甘，难道有谁台词读得比我好吗？元旦文艺汇演的时候，我坐在台下观看。到了话剧社的节目我马上打起精神来，瞪大眼睛，竖起耳朵，想要看看到底我是输在了哪里。可是节目演完，我感觉他们的台词和表现都不比我强，我自信如果我去演出的话，肯定会比他们做得更好，可是为什么社长、副社长他们没有选我去出任角色呢？我心里疑惑：为什么不是我？后来副社长告诉我说："陈高源，你知道当初为什么没选你去出演元旦的表演吗？不是因为你形象不好，更不是你台词读得差。我记得非常清楚，当时我让你读台词的时候，你拿起那份剧本脸上是一副不耐烦的表情。虽然你读得很棒，但是我后来故意让你再读一遍，你看了我一眼，很随意地拿起那个剧本再读了一遍。他们没有注意到这点，但是我看到了，说明当时的伍子胥相国（我后来饰演的一个角色，即指代我）还很浮躁啊，是不能演戏的，我便跟社长说我要把你拿下来。"我恍然大悟！感恩这位果断把我"拿下来"的学姐，是她让我感受到了失败的滋味，是她让我明白了对待事情"态度、细节"的重要性，我渐渐学着做任何事情都要端正态度，一丝不苟，演话剧亦是如此。高二那年，我便成了话剧社的副社长，选择道具、推敲角色、布置舞台，我都精益求精、乐此不疲。在饰演和创造不同角色的同时，我也感悟到剧中人不同的人生。

还记得那一次，我在学校行政楼的卫生间遇到了年段长，有些滑稽，可是那次讨论的话题却很严肃并深深影响了我。他那时候很随意地问我："以后想考北大吗？"那时候我正洗着手，笑着跟他说："老师，北大啊，说想的话每个学生肯定都想，就是没什么把握。目前，考北大好像还是有点难度，而且到时分数考得高与低也都要看命运啊，我还不敢有太多的想法。"突然，年段长转身瞪着我，抬了一下眼镜对我说："陈高源，我告诉你一句话——'瞄着飞机打着了老鹰，比瞄着老鹰打着麻雀要强得多'，你记着。"我愣了一下，说："记住了！"从那时候起，我的大学目标就真的只有一个——北京大学。佛家说："因上努力，果上随缘。"结果显然是不可预计的，但是有一点是肯定的，那就是我们必须瞄着更高的目标来不懈前进。拿破仑说："不想当将军的士兵不是好士兵。"每个人的潜力都是无限的，我们只有朝着更高的目标去努力，才能够最大限度地发挥出自己的潜能，最后的结果就是：一切皆有可能！我很庆幸，在我成长的历程中总有能给我指明方向的亲人和师长，感恩我的年段长给了我树立"鸿鹄之志"的金玉良言！

当时，在北京大学中学校长实名推荐制学校内的推荐选拔面试中，李校长问了我一个问题："陈高源，你知道吗，学校领导都在我这里提起你，他们很欣赏你，很挺你啊！你能告诉我你觉得你让大家印象最深刻的是什么？"我想想说："大概是我学习不错而且在艺术表演方面都很有特长吧？"校长摇了摇头，我说："那是上次海峡两岸中学生演讲比赛，我为一中拿下了大赛的一等奖？"校长说："你所说的这些都不是，你再好好想想。"我愣了一下，说："校长，我知道了，那一定就是上次参加福建省教育系统建党九十周年红歌会的时候？"校长说："有点意思，你继续说。"我说："我想应该是因为当时在临近期末和生物会考的时候，学校临时通知我，希望我能承担这次演出的男一号的重任。我在学业繁重的情况下，没有考虑太多，以学校为重，马上答应了学校的演出活动，融入排练，最后圆满完成了学校交给的任务？"校长很赞赏地点了点头，最后将我选定为2012年福州一中

北京大学中学校长实名推荐制的人选。感恩李校长,助我圆了"北大梦",让我牢记每个人应履行对集体、对学校、对社会应尽的责任,要做一个勇于担当的人!

……

正如净空法师的格言所写:"活在感恩的世界里,感激斥责你的人,因为他助长了你的智慧;感激绊倒你的人,因为他强化了你的能力;感激遗弃你的人,因为他教导了你应该自立;感激欺骗你的人,因为他增进了你的见识;感激伤害你的人,因为他磨炼了你的心志……"活在感恩的世界里,感恩一切众生给予我的助缘,感谢所有帮助我、支持我、肯定我的人,同时也感谢一切伤害我、斥责我、否定我的人。活在感恩的世界里,在北京大学我定会满怀感恩,加倍努力,将来回报大众,回报社会!